查士丁尼说:"法律的基[本原则是]给予每个人他应得的部分。"

亚里士多德说:"法律[就是]序。"

◆公民[法律]

公民法律
常识实用指南

叁壹 编著

陕西[旅游]出[版社]
太白文艺出版社

图书在版编目（CIP）数据

公民法律常识实用指南 / 叁壹编著. -- 西安：太白文艺出版社，2011.9（2024.5重印）
ISBN 978-7-5513-0054-4

Ⅰ. ①公… Ⅱ. ①叁… Ⅲ. ①法律－基本知识－中国 Ⅳ. ①D920.5

中国版本图书馆CIP数据核字(2011)第188523号

公民法律常识实用指南
GONGMIN FALÜ CHANGSHI SHIYONG ZHINAN

编　　著	叁　壹
责任编辑	王大伟　荆红娟　张　笛
封面设计	梁　宇
版式设计	刘兴福
出版发行	太白文艺出版社
经　　销	新华书店
印　　刷	三河市嵩川印刷有限公司
开　　本	700mm×960mm　1/16
字　　数	115千字
印　　张	9
版　　次	2011年9月第1版
印　　次	2024年5月第8次印刷
书　　号	ISBN 978-7-5513-0054-4
定　　价	36.80元

版权所有　翻印必究
如有印装质量问题，可寄出版社印制部调换
联系电话：029-81206800
出版社地址：西安市曲江新区登高路1388号（邮编：710061）
营销中心电话：029-87277748　029-87217872

前　言

我们生活在集体之中，其中有工作的单位，有交往的圈子，还有居住的社区等，每个集体都影响着我们的生活。在这些集体中，社区是一个极为重要的组成部分，无论是城市的居住小区，还是农村的村民社区，都是大家休息、娱乐、交往的重要场所，在社区中有家人的亲情，有邻里的和睦，有大家的娱乐，还有共建美好社区的愿望。

在社区中，每天都会发生很多让人喜怒哀乐的事情，需要大家保护自己、关爱他人、和睦相处，因此，就需要秩序。这个秩序包括遵守国家的法律、法规，尊重他人的人格、尊严，保护自己的合法权益等。面对社区出现的种种需求与问题，每个人都应该具备一定的知识和理念，大家才能和睦相处，共建美好社区。也正是基于这种考虑，我们编辑出版了这套《公民常识读本》，意在帮助大家树立正确的观念，养成好的习惯，用合理的方法解决矛盾，用正确的办法躲避危险。

《公民法律常识实用指南》是一本法律常识读本，介绍了婚姻家庭、人身权利、财产继承及财产纠纷、消费者维权、劳动人事、物权房产、医疗交通事故、合同纠纷等十几个方面的内容，这些都是与我们的生活密切相关的法律知识，尤其是近些年的婚姻、房产、劳动合同等热门话题，均有事例讲解，让读者能从中受到启发，并找到解决问题的办法。

《新时代公民道德建设实施纲要》是中国公民道德建设的纲领性文件，于2019年颁布。《纲要》指出："要以习近平新时代中国特色社会主义思想为指导，紧紧围绕进行伟大斗争、建设伟大工程、推进伟大事业、实现伟大梦想，着眼构筑中国精神、中国价值、中国力量，促进全体人民在理想信念、价值观念、道德观念上紧密团结在一起，在全民族牢固树立中国特色社会主义共同理想，在全社会大力弘扬社会主义核心价值观，积极倡导富强民主文明和谐、自由平等公正法治、爱国敬业诚信友善，全面推进社会公德、职业道德、家庭美德、个人品德建设，持续强化教育引导、实践养成、制度保障，不断提升公民道德素质，促进人的全面发展，培养和造就担当民族复兴大任的时代新人。"我们的社区建设同样需要这样的指导。《公民道德建设常识》一书通过爱国守法、明礼诚信、团结友善、勤俭自强、敬业奉献、家庭美德等六个方面，用事例、名人故事的形式进行阐述，帮助大家更好地理解《纲要》的精神内涵。

灾难是我们不希望看到的，但是也常常难以避免，因此，学会防灾、避险、保护自己就显得非常重要。《公民避险自救常识》侧重于对躲避重大灾害、灾难的讲述，主要包括急救、火灾、家庭意外、地震、台风等方面，同时提供了灾难后心理援助的内容，实用且易懂。

《社区安全常识实用指南》一书侧重讲述了社区的居民健康防护、水电气安全、交通出行安全、防盗骗抢以及社区健身器械安全使用、社区急救常识。

说到健康，现在的人们是越来越重视了，无论是中年人，还是老年人，抑或是青年人，都越来越关注自己的健康了。《社区体育锻炼常识》从实用的角度为社区居民提供健身常识，其中包括对现代运动理念的阐释、适合各类人群的运动健身法、小区健身器材使用方法及注意事项、传统健身运动等，这些方法都简单实用，非常适合社区健身使用。

社区是我们美好生活的港湾，因此，希望这套书中的内容可以帮助大家，共同建设和谐家园，共同推进美好生活，共同成为道德建设的贡献者。

目 录

第一章 婚姻家庭 …………………………………………… (1)
第一节 婚姻家庭问题 ……………………………………… (1)
  1. 什么是结婚? ……………………………………………… (1)
  2. 哪些人不能结婚? ………………………………………… (2)
  3. 能否让别人代办结婚证? ………………………………… (2)
  4. 怎样理解婚姻中的"男女双方完全自愿"? …………… (3)
  5. 我国法律承认婚约的效力吗? …………………………… (3)
  6. 事实婚姻应如何处理? …………………………………… (3)
  7. 事实婚姻一方死亡后,另一方能享受抚恤和生活补助吗? …… (4)
  8. 什么是无效婚姻? ………………………………………… (4)
  9. 重婚案件有哪些种类? …………………………………… (5)
  10. 现役军人的"婚约"是否受法律承认和保护? ………… (6)
  11. 兄弟姐妹之间承担扶养义务的法定条件是什么? …… (6)
第二节 婚姻中的财产问题 ………………………………… (6)
  1. 怎样处理因订婚引起的财物纠纷? ……………………… (6)
  2. 怎样处理因包办婚姻引起的财产纠纷? ………………… (8)
  3. 怎样处理因买卖婚姻引起的财产纠纷? ………………… (8)
  4. 什么是借婚姻索取财物? ………………………………… (9)
  5. 如何区分借婚姻索取财物与赠予? ……………………… (9)
  6. 男女双方结婚时,必须要进行婚前财产公证吗? ……… (10)
  7. 办理婚前财产公证需要哪些程序? ……………………… (10)
  8. 我国夫妻财产关系包括哪些内容? ……………………… (11)
  9. 什么是夫妻财产制? ……………………………………… (11)
  10. 什么是夫妻个人财产?夫妻个人特有财产的范围有哪些? ………………………………………… (11)

11. 什么是夫妻共同财产制？夫妻共同财产的范围有哪些？ …… (12)
12. 什么是夫妻约定财产制？约定财产的法律效力如何？ …… (13)
13. 约定财产需要哪些法定条件？ …………………………… (13)
14. 什么是夫妻共同债务？ …………………………………… (14)
15. 什么是夫妻个人债务？ …………………………………… (14)
16. 法律允许夫妻单方处理夫妻共同财产吗？ ……………… (14)
17. 夫妻双方在约定财产时应注意哪些事项？ ……………… (15)

第三节　婚姻家庭案例分析 ……………………………… (15)
1. 区别夫妻共同债务与夫妻个人债务有何意义？ ………… (15)
2. 夫妻分居，一方在外借钱应否属于夫妻共同债务？ …… (16)
3. 解除婚约后应否退还彩礼？ ……………………………… (16)
4. 以结婚为条件的赠予有效吗？ …………………………… (17)
5. 夫妻财产约定对第三人是否具有法律效力？ …………… (17)
6. 夫妻一方继承的财产是否应归夫妻共同所有？ ………… (18)
7. 婚前写书，婚后出版所得稿费是夫妻共同财产吗？ …… (19)
8. 如何理解父母子女之间的抚养、赡养义务？ …………… (20)
9. 继父母与继子女间形成权利义务关系的条件是什么？ … (20)
10. 对再婚父母，子女还有赡养的义务吗？ ………………… (21)
11. 解除收养关系后，养子女在什么情况下，还应对养父母
   承担赡养义务？ …………………………………………… (21)

第二章　人身权利 …………………………………………… (22)
第一节　生命健康权 ……………………………………… (22)
1. 什么是生命健康权？ ……………………………………… (22)
2. 对于一般伤害的赔偿包括哪些费用？ …………………… (23)
3. 什么是青少年的生命健康权？ …………………………… (23)
4. 青少年如何远离家庭暴力？ ……………………………… (24)

第二节　姓名权 …………………………………………… (26)
1. 什么是姓名权？ …………………………………………… (26)
2. 姓名权包括哪些内容？ …………………………………… (26)
3. 法律对公民的姓名权有限制吗？ ………………………… (27)
4. 什么是假冒他人的姓名？ ………………………………… (27)

目 录

第三节 肖像权 …………………………………………… (27)
  1. 何谓肖像权? …………………………………………… (27)
  2. 肖像权包括哪些基本内容? …………………………… (28)
  3. 侵害他人肖像权民事责任的承担方式有哪些? ……… (28)
  4. 对于侵害肖像权的行为能否要求精神损害赔偿? …… (28)
  5. 常见的肖像侵权行为有哪些? ………………………… (29)
  6. 为了社会公益而将所拍照片发表会侵犯肖像权吗? … (29)
  7. 经同意被他人拍照后的照片可以随便使用吗? ……… (30)
  8. 照相馆将顾客的照片丢失,被他人用来制作广告,
    顾客应当如何追究责任? ……………………………… (30)
  9. 未经同意以营利为目的使用演员剧照是否构成
    侵犯肖像权? …………………………………………… (31)

第四节 名誉权与隐私权 ………………………………… (32)
  1. 什么是名誉? …………………………………………… (32)
  2. 什么是名誉权? ………………………………………… (32)
  3. 名誉权和隐私权有什么区别? ………………………… (32)
  4. 向司法机关或有关部门进行检举、揭发、控告、申诉的
    行为出现情况失实,是否构成侵害名誉权? ………… (33)
  5. 小说等虚构的文学形式能否构成侵害名誉权? ……… (33)
  6. 纪实性文学构成名誉侵权需要具备哪些要件? ……… (34)
  7. 传播真实的消息,但侵害了他人名誉的行为
    是否构成侵权? ………………………………………… (34)
  8. 如何对死者的名誉权进行保护? ……………………… (34)
  9. 侵害他人名誉权应负什么民事责任? ………………… (34)
  10. 如何界定侮辱罪、诽谤罪与一般名誉侵权行为? …… (35)
  11. 哪些行为构成侵害隐私权? ………………………… (35)
  12. 公布中奖者的个人资料算侵权吗? ………………… (36)

第三章 财产继承及财产纠纷 …………………………… (37)
  第一节 财产所有权 ……………………………………… (37)
    1. 什么是财产所有权? …………………………………… (37)

2. 什么是财产所有权的取得？……………………………(37)
3. 什么是共有财产？………………………………………(38)
4. 共有财产怎样分割？……………………………………(38)

第二节 财产继承及其法律关系……………………………(39)
1. 什么是财产继承？………………………………………(39)
2. 什么是财产继承权？……………………………………(39)
3. 什么是继承法律关系？…………………………………(40)
4. 什么是代位继承和转继承？……………………………(40)
5. 事实婚姻的男女双方有没有继承权？…………………(40)
6. 堂兄弟、表兄弟姐妹之间有没有继承权？……………(40)
7. 继兄弟姐妹之间有没有继承权？………………………(41)
8. 素无来往或关系恶劣的兄弟姐妹之间有没有继承权？……(41)
9. 被继承人的侄子女、外甥子女有没有继承权？………(41)
10. 正办理离婚的男女双方有互相继承权吗？……………(41)
11. 非婚生子女有继承权吗？………………………………(42)
12. 养子女有继承权吗？……………………………………(42)
13. 丧偶儿媳和丧偶女婿能继承公婆或岳父母的遗产吗？……(42)
14. 未出生的胎儿能继承遗产吗？…………………………(43)
15. 法律规定的继承人的顺序是怎样的？…………………(43)
16. 什么是转继承？…………………………………………(44)
17. 提起继承诉讼有时间限制吗？…………………………(44)

第三节 遗嘱继承常识及纠纷处理…………………………(45)
1. 什么是遗嘱继承？………………………………………(45)
2. 在我国,遗嘱继承的适用是怎样规定的？……………(46)
3. 我国对遗嘱继承人的范围是怎样规定的？……………(46)
4. 什么样的遗嘱是无效遗嘱？……………………………(46)
5. 我国法律对遗嘱的内容是怎样规定的？………………(47)
6. 遗嘱有哪些形式？………………………………………(47)
7. 遗赠的种类有哪些？……………………………………(51)
8. 立遗嘱后,能否变更或撤销？应怎样变更、撤销？…(51)
9. 因继承遗产而提起的诉讼由哪个法院管辖？…………(52)

目 录

第四章 消费者维权 ……………………………………… (53)
第一节 消费者享有的权利 …………………………… (53)
1. 消费者享有哪些权利? ………………………………… (53)
2. 什么是消费者的选择权? ……………………………… (54)
3. 什么是消费者获得有关知识权? ……………………… (55)

第二节 该向谁索赔 …………………………………… (56)
1. 消费者在购买、使用商品或接受服务时合法权益
   受到损害如何索赔? …………………………………… (56)
2. 什么是消费者权益争议的仲裁解决? ………………… (57)
3. 企业分立、合并后,原企业的商品发生质量问题,
   消费者应向谁索赔? …………………………………… (57)
4. 消费者在展销会、租赁柜台购买商品或者接受服务,其合法
   权益受到侵害的,应向谁索赔? ……………………… (58)
5. 打消费者权益官司时,确定精神损害赔偿的原则有哪些? …… (58)
6. 消费者可以提出财产损害的赔偿范围有哪些? ……… (59)
7. 受到财产损害的消费者如何计算间接损失的赔偿数额? …… (60)
8. 经营者提供商品或者服务,给消费者造成人身损害的,
   应如何承担民事责任? ………………………………… (61)
9. 经营者提供商品或者服务,给消费者造成一般人身伤害的,
   应如何赔偿? …………………………………………… (61)
10. 经营者提供商品或者服务,致使消费者残疾的,
    应如何赔偿? ………………………………………… (63)
11. 经营者破产、倒闭的,消费者还能享受三包服务吗? …… (66)
12. 挂失的存单被冒领由谁承担责任? ………………… (67)

第三节 假冒伪劣、虚假宣传商品的维权 …………… (67)
1. 对于哪些移动电话机商品不实行三包? ……………… (67)
2. 销售掺杂、掺假,以假充真、以次充好的商品的行为,是否属于
   欺诈消费者的行为?消费者能否主张加倍赔偿? …… (68)
3. 采取虚假或者其他不正当手段使销售的商品或者服务的
   分量不足的行为,是否属于欺诈消费者的行为? …… (68)

5

4. 销售"处理品""残次品""等外品"等商品而谎称是正品的
   行为,是否属于欺诈消费者的行为? ……………………… (68)
5. 以虚假的"清仓价""甩卖价""最低价""优惠价"或者其他欺骗
   性价格表示销售商品的行为,是否属于欺诈消费者的行为? …… (69)
6. 以虚假的商品说明、商品标准、实物样品等方式销售商品
   的行为,是否属于欺诈消费者的行为? ……………………… (69)
7. 不以自己的真实名称或标记销售商品的行为,是否属于
   欺诈消费者的行为? ………………………………………… (69)
8. 采取雇佣他人等方式进行欺骗性销售诱导的行为,是否属
   于欺诈消费者的行为? ……………………………………… (70)
9. 做虚假的现场演示和说明的行为,是否属于欺诈消费者
   的行为? ……………………………………………………… (70)
10. 利用广播、电视、电影、报刊等大众传播媒介对商品做
    虚假宣传的行为,是否属于欺诈消费者的行为? …………… (70)
11. 骗取消费者预付款的行为,是否属于欺诈消费者的行为? … (70)
12. 利用邮购销售骗取价款而不提供或者不按照约定条件提
    供商品的行为,是否属于欺诈消费者的行为? ……………… (71)
13. 以虚假的"有奖销售""还本销售"等方式销售商品的
    行为,是否属于欺诈消费者的行为? ………………………… (71)
14. 经营者做出"假一罚十"的承诺是否有效? ………………… (72)

第四节　餐饮与旅游维权 ……………………………………… (72)
  1. 餐饮经营者规定最低消费合法吗? ………………………… (72)
  2. 餐饮经营者能否收取价外服务费、检查费或其他
     价外加价? …………………………………………………… (73)
  3. 旅游企业违反承诺,擅自改变或减少旅游景点或改变住
     宿条件,应当承担什么责任? ……………………………… (73)
  4. 旅游者在旅游途中受伤或死亡,旅游企业是否应当承担
     赔偿责任? …………………………………………………… (73)

第五节　农业与农民维权 ……………………………………… (74)
  1. 农民购买、使用农业生产资料是否适用《消费者
     权益保护法》? ……………………………………………… (74)

2. 对于农业机械产品,销售者如何承担三包责任? ………… (75)
3. 对于农业机械产品,在什么情况下可以要求退货? ……… (76)

第五章 劳动人事 ……………………………………………… (77)

第一节 劳动合同与劳动关系 …………………………… (77)
1. 什么是劳动合同? …………………………………… (77)
2. 哪些劳动合同无效?无效劳动合同如何处理? ……… (78)
3. 招用尚未解除劳动合同的劳动者会产生什么法律责任? …… (78)
4. 在什么情况下用人单位不能解除劳动合同? ………… (78)
5. 向员工收取"入厂押金"的做法对用人单位来说是否允许? … (79)
6. 用人单位违反劳动合同规定给员工造成损害的如何赔偿? … (79)
7. 员工违约,要不要赔偿其培训费? …………………… (80)
8. 老板违约或期满后员工不再签订合同,其培训费是否
   需要赔偿? ……………………………………………… (80)
9. 什么是集体合同? …………………………………… (80)

第二节 劳动保障与待遇 …………………………………… (81)
1. 员工工伤假和产假期间工资如何支付? ……………… (81)
2. 员工事假期间工资如何支付? ………………………… (81)
3. 延长工作时间的工资如何支付? ……………………… (81)
4. 员工患有职业病后可以享受哪些待遇? ……………… (82)
5. 因工受伤的员工可享受哪些待遇? …………………… (82)
6. 用人单位通过什么途径解决与员工发生的劳动争议? ……… (82)

第六章 物权房产 ……………………………………………… (84)

第一节 城市房屋拆迁 …………………………………… (84)
1. 什么是城市房屋拆迁? ………………………………… (84)
2. 什么是拆迁人和被拆迁人? …………………………… (84)
3. 什么是房屋拆迁主管部门?其负有怎样的法律责任? ……… (84)
4. 城市房屋拆迁的程序是怎样规定的? ………………… (85)
5. 房屋拆迁补偿对象是怎样规定的? …………………… (88)
6. 房屋拆迁补偿的方式是怎样规定的? ………………… (88)

7. 房屋共有人在选择补偿形式时发生矛盾怎么办?……………(89)
8. 拆迁违章建筑和临时建筑怎样补偿?……………………(90)
9. 拆迁公益事业房屋怎样补偿?……………………………(90)
10. 非公益事业房屋附属物的拆迁怎样补偿?………………(90)
11. 拆迁产权不明的房屋怎样补偿?…………………………(91)
12. 设有抵押权的房屋拆迁怎样补偿?………………………(91)
13. 拆迁非住宅房屋造成停产、停业的怎样补偿?…………(92)

　　第二节　商品房买卖 ………………………………………(92)
1. 什么是商品房预售与商品房现售?………………………(92)
2. 什么是内销商品房与外销商品房?………………………(93)
3. 销售商品房具备的法律证书(五证)有哪些?……………(94)
4. 预售商品房的产权怎样过户?……………………………(95)
5. 预售人转让房地产项目的怎样处理?……………………(95)
6. 购买预售商品房有哪些注意事项?………………………(95)
7. 购买设有抵押权的商品房应注意哪些事项?……………(96)
8. 什么是"一房多售"?………………………………………(97)
9. 商品房买卖合同的主要内容有哪些?……………………(97)
10. 怎样变更和解除商品房买卖合同?………………………(98)
11. 商品房销售面积是怎样确定的?…………………………(98)
12. 商品房的公用建筑面积是怎样确定的?…………………(99)
13. 商品房交付时间是怎样规定的?…………………………(100)
14. 交付商品房与样板房有怎样的关系?……………………(100)
15. 怎样办理商品房的权属登记?……………………………(101)
16. 商品房主体质量有异议的如何处理?……………………(102)
17. 公有房屋买卖应遵循哪些规定?…………………………(102)
18. 单位出售国有住房应注意些什么?………………………(103)
19. 出售公有住房有哪些原则?………………………………(103)
20. 职工购买房改公房有哪些程序?…………………………(103)
21. 私有房屋买卖程序是怎样规定的?………………………(104)
22. 私有房屋买卖合同成立有哪些条件?……………………(105)
23. 私有房屋买卖合同的主要内容有哪些?…………………(105)
24. 什么是按揭?………………………………………………(106)

25. 个人住房按揭贷款与个人住房担保贷款有哪些区别？ …… (106)
26. 个人住房按揭贷款程序是怎样规定的？ …………………… (107)
27. 什么是房屋分期付款？ …………………………………… (108)

 第三节 公积金贷款的使用 ………………………………… (109)
  1. 什么是住房公积金？ ……………………………………… (109)
  2. 住房公积金的用途有哪些？ ……………………………… (109)
  3. 住房公积金贷款有什么条件？ …………………………… (109)
  4. 职工个人申请住房公积金贷款的手续有哪些？ ………… (110)

 第四节 二手房买卖及出租 ……………………………………… (110)
  1. 二手房买卖应注意哪些事项？ …………………………… (110)
  2. 房屋租赁的含义及法律特征是怎样的？ ………………… (111)
  3. 出租房屋应具备哪些条件？ ……………………………… (112)
  4. 租赁房屋有哪些手续？ …………………………………… (112)
  5. 租赁公有住房有哪些法律规定？ ………………………… (113)
  6. 经营性公有房屋租赁程序是怎样规定的？ ……………… (113)

第七章 医疗、交通事故 …………………………………… (114)

 第一节 医疗事故 …………………………………………… (114)
  1. 什么是医疗事故？ ………………………………………… (114)
  2. 医疗事故是如何认定的？ ………………………………… (114)
  3. 家属不配合治疗导致病员死亡的，是否可以认定为
   医疗事故？ ………………………………………………… (115)
  4. 无证行医造成人身伤害，是否能按医疗事故处理？ …… (116)
  5. 为什么要进行尸检？ ……………………………………… (117)
  6. 尸检所需的费用由谁来承担？ …………………………… (117)
  7. 发生医疗纠纷，可不可以"私了"？ …………………… (117)
  8. 医院涂改、伪造、销毁原始病历，应承担怎样
   的法律责任？ ……………………………………………… (118)
  9. 法院受理医疗纠纷，有没有诉讼时效？ ………………… (118)
  10. 医疗纠纷应以何种理由向法院起诉？ ………………… (119)
  11. 如何认定美容医疗纠纷？ ……………………………… (119)

第二节　交通事故 ……………………………………（120）
　1. 什么是交通事故损害赔偿范围? ………………………（120）
　2. 丧葬费的赔偿是怎样规定的? …………………………（121）
　3. 在外地被车撞了,赔偿金的索赔标准怎么确定? ……（122）

第八章　合同纠纷 ………………………………………（123）

1. 合同的内容一般包括哪些条款? …………………………（123）
2. 在哪些情形下,要约不得撤销? …………………………（123）
3. 有哪些情形的,要约失效? ………………………………（124）
4. 如何确认合同的成立? ……………………………………（124）
5. 企业是否有义务接受国家订货? …………………………（125）
6. 对国家订货合同的法律效力如何确认? …………………（125）
7. 当事人在订立合同过程中负有哪些保密义务? …………（125）
8. 采用格式条款订立合同的,应注意些什么? ……………（126）
9. 当事人以哪些财产抵押应当办理抵押物登记,
　 抵押合同方可生效? ………………………………………（126）
10. 当事人以其他财产抵押的,抵押合同何时生效? ………（126）
11. 以依法可以转让的股票出质的,质押合同何时生效? …（127）
12. 以依法可以转让的商标专用权、专利权、著作权中的财产
　　出质的,质押合同何时生效? ……………………………（127）
13. 如何认定附条件的合同的生效时间? ……………………（127）
14. 附期限的合同,其效力如何确认? ………………………（128）
15. 对无权代理订立的合同,效力如何确认? ………………（128）
16. 法人或者其他组织的法定代表人、负责人超越权限订立的
　　合同,是否有效? …………………………………………（129）
17. 对当事人超越经营范围订立的合同,人民法院是否认定
　　合同无效? …………………………………………………（129）
18. 格式合同、通知、声明、店堂告示等含有哪些内容的,
　　其内容无效? ………………………………………………（129）
19. 在哪些情形下合同无效? …………………………………（130）
20. 合同中的哪些免责条款无效? ……………………………（130）

第一章 婚姻家庭

婚姻是国家法律认可,社会承认的一男一女两性以共同生活为目的的合法结合。家庭,是由婚姻关系、血缘关系或收养关系而产生的亲属间的社会生活组织。家庭与婚姻有密切联系,婚姻是产生家庭的前提,家庭是缔结婚姻的结果。婚姻构成最初的家庭关系,由此又产生出父母子女等其他家庭成员之间的关系。

家庭成员,就是在一个家庭中彼此有着婚姻关系、血缘关系或者收养关系,并享受法律赋予家庭生活的权利,同时也承担法律规定家庭生活义务的人。并非在一起居住或同在一个户口簿上的,就都属这个家庭的成员。

第一节 婚姻家庭问题

1. 什么是结婚?

结婚,又称婚姻成立或者婚姻的缔结,是男女双方依照法律规定的条件和程序,确定夫妻关系的一种法律行为。

根据我国《婚姻法》的规定,结婚应当具备以下三个特征:

(1)结婚的主体必须是异性男女。两性差别是婚姻关系成立的自然条件,我国法律不允许同性结婚。

(2)结婚必须符合法律规定的条件,按照法律规定的程序进行。不符合法律规定的结婚条件而结婚的属于无效婚姻,它是可以申请撤销的。对于没有按照法律规定的程序组成家庭的,《婚姻法》以及民政部门,人民法院也规定了相应的处理办法。

(3)结婚形成夫妻间的权利义务关系,不经过一定的法律手续,该种关系不得任意解除。

2. 哪些人不能结婚？

我国《婚姻法》第七条规定：有下列情形之一的，禁止结婚：

（一）直系血亲和三代以内的旁系血亲；

（二）患有医学上认为不应当结婚的疾病。

法律禁止结婚的条件有两个：

（1）禁止一定范围的血亲结婚。血亲主要指出于同一祖先，有血缘关系的亲属，即自然血亲；也包括法律拟制的血亲，即虽无血缘联系，但法律确认其与自然血亲有同等的权利义务的亲属，又称准血亲，比如养父母与养子女，继父母与受其抚养教育的继子女。

（2）禁止血亲结婚是优生的要求。人类两性关系的发展证明，血缘过近的亲属间通婚，容易把双方生理上的缺陷遗传给后代，影响家庭幸福，危害民族健康。而没有血缘亲属关系的氏族之间的婚姻，能创造出在体质上和智力上都更加强健的人种。

《婚姻法》禁止结婚的血亲有两类：

一是直系血亲，具体包括父母子女间，祖父母、外祖父母与孙子女外孙子女间。在此范围内，禁止有关婚姻关系。

二是三代以内旁系血亲，具体包括：

（1）同源于父母的兄弟姊妹（含同父异母、同母异父的兄弟姊妹）。即同一父母的子女之间不能结婚。

（2）同源于祖父母的堂兄弟姊妹或姑表兄弟姊妹，或同源于外祖父母的姨表或舅表兄弟姊妹。即同一祖（外祖）父母的兄弟姊妹的子女之间不能结婚。

（3）不同辈的叔、伯、姑、舅、姨与侄（女）、甥（女）。即叔叔（伯伯）不能和兄（弟）的女儿结婚；姑姑不能和兄弟的儿子结婚；舅舅不能和姊妹的女儿结婚；姨妈不能和姊妹的儿子结婚。

3. 能否让别人代办结婚证？

根据《中华人民共和国婚姻法》第八条规定："要求结婚的男女双方必须亲自到婚姻登记机关进行结婚登记。"这就是说，申请结婚登记必须是双方本人而不能由他人代替办理。

《婚姻登记管理条例》还进一步具体规定，要求结婚的男女双方应持本人居民身份证或户籍证明，所在单位、村民委员会或居民委员会出具的婚姻状况(未婚、离婚、丧偶)的证明。这几项要求是缺一不可的。所以要求结婚的男女双方如不亲自到一方户口所在地的婚姻登记机关办理结婚登记手续,或委托他人代办结婚登记,这是违背《中华人民共和国婚姻法》规定的行为,办理结婚登记的工作人员经过审查了解后,也不会准予登记和发给结婚证。如果一方或双方有特殊情况而不能亲自去登记,那只有推迟登记时间,绝不可一方代表双方,或委托其他人代为登记。这是法律明文规定,任何人都必须遵照执行。如侨居国外的人同国内公民在国内登记结婚,也必须双方亲自持结婚所需的证件,到国内一方户口所在地的婚姻登记机关办理登记手续,而不能因种种客观原因不回国,由国内一方单方去办理,这是行不通的。他(她)必须办好结婚所需的证件回国后与国内方一起去婚姻登记机关办理结婚手续。

4. 怎样理解婚姻中的"男女双方完全自愿"?

根据《中华人民共和国婚姻法》第五条规定:"结婚必须男女双方完全自愿,不许任何一方对他方加以强迫,或任何第三者加以干涉。"这一规定有以下几层意思:

(1)结婚必须是男女双方自愿,而不是一厢情愿,从而排除了一方对他方的逼迫。

(2)结婚必须是双方当事人本人的意愿,而不是父母或其他第三者的意愿,从而排除了父母等第三者对婚姻的包办。

(3)结婚必须是当事人完全自愿,而不是迫于某种压力的勉强同意,从而排除了各种外来的干涉。

这三方面的内容是统一的,不可分割的整体。我国《中华人民共和国婚姻法》的这条规定充分体现了结婚决定权完全属于当事者本人。

5. 我国法律承认婚约的效力吗?

婚约,是指男女双方以将来结婚为目的而做的事先约定,它是一种民俗。按照我国《中华人民共和国婚姻法》的规定,只有男女双方在婚姻登记机关办理了结婚登记,才算结婚,法律上也才承认,并予保护。而婚约并非结婚法定的和必经的程序,因此,也就不具有法律效力,也就不受法律的保护。

6. 事实婚姻应如何处理?

事实婚姻,指没有配偶的男女,未进行结婚登记,便以夫妻关系同居生

活,群众也认为是夫妻关系的两性结合。事实婚姻具备以下特征:

(1)男女双方均无配偶。有配偶的,构成事实重婚。

(2)男女双方应当具有结为夫妻共同生活的目的。男女双方是否互以配偶相待,是事实婚姻和不正当两性关系在内容上的重要区别。

(3)男女双方有公开的夫妻身份,周围人也认为他们是夫妻。这是事实婚姻和一切隐蔽的、临时性的不正当两性关系在形式上的重要区别。

(4)事实婚姻没有进行结婚登记。这是事实婚姻与法律婚姻的区别。

最高人民法院2001年12月25日颁布的《关于适用〈中华人民共和国婚姻法〉若干问题的解释(一)》,对未按《婚姻法》第八条规定办理结婚登记而以夫妻名义共同生活的男女,起诉到人民法院要求离婚的,做出了如下区别对待:

(一)1994年2月1日民政部《婚姻登记管理条例》公布实施以前,男女双方已经符合结婚实质要件的,按事实婚姻处理。

(二)1994年2月1日民政部《婚姻登记管理条例》公布实施以后,男女双方已经符合结婚实质要件的,人民法院应当告知其在案件受理前补办结婚登记;未补办结婚登记的,按解除同居关系处理。

未按《婚姻法》的规定办理结婚登记而以夫妻名义共同生活的男女,一方死亡,另一方以配偶身份主张享有继承权的,按照上述解释规定的原则处理。

7. 事实婚姻一方死亡后,另一方能享受抚恤和生活补助吗?

所谓事实婚姻,是指没有配偶的男女,未经办理结婚登记手续即以夫妻名义同居生活,而双方均符合结婚条件,群众亦公认夫妻关系的婚姻。事实婚姻是违反《中华人民共和国婚姻法》的,但在1994年2月1日《婚姻登记管理条例》施行以前对于男女符合结婚条件的事实婚姻,一般是予以承认的。不符合结婚条件的,一般是认定为无效婚姻。而在1994年2月1日《婚姻登记管理条例》施行以后的事实婚姻,则一般是认定为违法的无效的婚姻。但是,为了有利于及时解决人民内部的纠纷,安定社会秩序,保护当事人的合法权益,对那些结婚青年,既生有子女,又符合结婚条件的事实婚姻,还是应当实事求是地按《中华人民共和国婚姻法》第二十五条规定的精神处理。

8. 什么是无效婚姻?

无效婚姻,是指男女双方的结合不具备法律规定的结婚条件,因而自始

不具备法律效力的婚姻。根据《中华人民共和国婚姻法》第十条的规定,无效婚姻分为以下几种类型:

(一)重婚

即男女双方或一方违反一夫一妻制原则的婚姻。

(二)血亲婚

即男女双方具有法律禁止结婚的亲属关系的婚姻。

(三)疾病婚

即男女双方或一方患有医学上认为不应当结婚的疾病,婚后尚未治愈的婚姻。

(四)早婚

即男女双方或一方未达法定婚龄的婚姻。

对于符合结婚条件的男女双方未进行结婚登记而以夫妻名义同居,违反结婚程序的规定的婚姻,根据《中华人民共和国婚姻法》第八条的规定,应当补办结婚登记。

9. 重婚案件有哪些种类?

重婚是指有配偶而与他人登记结婚,或虽未登记实际上与他人以夫妻关系相对待而共同生活以及没有配偶的男方或女方明知他人有配偶而与之结婚。

重婚案件可分为两大类十个类型:

第一大类是有配偶者与无配偶(或不知有无配偶)者结婚(包括登记结婚和事实婚,下同)这一类有四种类型:

(1)本人已登记结婚,又与无配偶(或不知有无配偶)者登记结婚;

(2)本人已登记结婚,又与无配偶(或不知有无配偶)构成事实婚;

(3)本人已事实婚,又与无配偶(或不知有无配偶)者登记结婚;

(4)本人已事实婚,又与无配偶(或不知有无配偶)者构成事实婚。

第二大类是明知他人有配偶而与之结婚,共有六种类型:

(1)本人无配偶,而与有配偶者登记结婚;

(2)本人无配偶,与有配偶者构成事实婚;

(3)本人已登记结婚,而又与无配偶者登记结婚;

(4)本人已登记结婚,而又与无配偶者构成事实婚;

(5)本人已登记结婚,又与有配偶者登记结婚;

(6)本人已登记结婚,又与有配偶者构成事实婚。

10. 现役军人的"婚约"是否受法律承认和保护？

我国现行《中华人民共和国婚姻法》没有关于婚约的规定，也就是说婚约不是结婚的法定程序。根据《中华人民共和国婚姻法》的规定，要求结婚的男女双方必须亲自到婚姻登记机关进行结婚登记，取得结婚证，即时所表示的真实意愿和婚姻登记机关对必须了解的情况进行审查核实的结果来确定。符合《婚姻法》规定的，准予登记，发给结婚证；不符合《婚姻法》规定的，就不予登记，不准结婚。因此，婚约不具有法律约束力，一方反悔或要求解除时，不必经对方同意，更不用通过诉讼程序解决。

根据《中华人民共和国婚姻法》第三十三条"现役军人的配偶要求离婚，须得军人同意"的规定，继续保护现役军人的婚姻外，对于现役军人的婚约，不再予以承认和保护。因此，当事人应当慎重地考虑和妥善地处理自己的婚事。如果可能的话，还应继续与其军人对象相处下去，增加感情，以至成为终身伴侣。如不可能，则只要告诉对方即可，无须再经过什么法定程序。

11. 兄弟姐妹之间承担扶养义务的法定条件是什么？

兄弟姐妹是最亲近的旁系血亲，通常兄弟姐妹之间，不产生法律上的权利义务关系。只有在一定的条件下，兄弟姐妹之间才产生法律关系。兄弟姐妹之间承担扶养义务的条件如下：

(1) 扶养人有负担能力；
(2) 被扶养人需要扶养；
(3) 被扶养人父母已死亡或无力扶养，或兄、姐丧失劳动能力孤独无依；
(4) 弟、妹由兄、姐扶养长大。

第二节 婚姻中的财产问题

1. 怎样处理因订婚引起的财物纠纷？

订婚亦称婚约，是男女双方以结婚为目的而订立的婚姻约定。

我国历代封建法律和一些资本主义国家的婚姻立法，都把婚约作为结婚的必经程序。

早期型婚约的特征即婚约是婚姻成立的重要组成部分,并具有法律效力。晚期型婚约的主要特征是婚约不是婚姻成立的组成部分和必经程序。尽管现代各国关于婚约的效力已日趋淡薄,但婚约在现代各国普遍存在。

在我国,婚约不具有法律上的约束力。男女双方结婚,完全以他们在结婚登记时表达的意愿为依据。如果男女双方自愿订立婚约,法律并不禁止,只是不予保护。解除婚约无须通过任何法律手续。一方要求解除婚约,只要通知对方即可,不必征得对方的同意;双方要求解除婚约,可自行解除。

尽管恋爱关系并非法律调整的范畴,婚约对男女双方亦无法律上的约束力,但对解除婚约或终止恋爱而引起的财物纠纷,人民法院会及时处理。因为,人身关系与财产关系是性质不同的两个问题。如果当事人要求人民法院保护或处理其恋爱关系,法院可以不受理,但因此产生的财物纠纷,其争议的标的是财产关系,则属于人民法院案件受理范围。而且,如果这类纠纷得不到及时、妥善处理,可能激化矛盾,导致自杀、凶杀等恶性事件的发生。人民法院及时受理和处理这类案件,有助于促进社会的安定团结。

根据最高人民法院《关于贯彻执行民事政策法律的意见》和《关于贯彻执行民事政策法律若干问题的意见》中有关规定的精神,关于解除婚约或终止恋爱后引起的财物纠纷问题,应区别不同情况,妥善处理。

(1)对于借订婚而进行买卖婚姻的情况,其中交出财物的一方,其财物实质是进行非法活动的工具,收受财物的一方为非法所得。这类财产原则上可判决上缴国库。

(2)对于以订婚为名,目的是为了诈骗财物的情况,除构成诈骗罪应依法追究刑事责任外,无论何方提出解除婚约的,原则上应将诈骗所得财物全部归还给受害人。

(3)对于以订婚为名,以赠送财物为手段,玩弄异性的人,为达到非法目的而自愿交付给对方的财物,应按赠予对待,无论谁提出解约,均不予返还。

(4)对于赠予物应根据不同情况分别处理:男女在恋爱期间,为增进感情主动赠送的一些财物,在解除婚约后应否归还?因这类赠予通常是以达到结婚为目的的,是有条件的,如果结婚目的未达到,则应予返还。因赠予情况十分复杂,不能全部退还,但也不能都不退还。

对于相互赠送的食品、共同出去游玩的花费和价值较小的衣物,一般受赠人无返还义务;而一方赠给另一方的一些贵重物品,虽形式上是赠予,如婚约解除,以酌情返还为好。对双方定情的信物,有的价值虽不高,但解除婚约后,如一方要求返还,以归还为妥,这样有利于避免感情上的纠葛。

2. 怎样处理因包办婚姻引起的财产纠纷？

包办婚姻是指第三者（包括父母在内）违背婚姻自由的原则，强迫他人婚姻的行为。某些父母干涉子女的婚事，是封建家长作风的表现，是对儿女人身权利（尤其是婚姻自主权）的严重侵犯。《中华人民共和国婚姻法》第三条明确规定禁止包办婚姻的行为。《中华人民共和国婚姻法》第五条进一步规定："结婚必须男女双方完全自愿，不许任何一方对他方加以强迫或任何第三者加以干涉。"包办婚姻背离了我国《中华人民共和国婚姻法》婚姻自由的原则及结婚条件，从法律层次上而言，属可撤销婚姻。根据《中华人民共和国婚姻法》第十一条之规定，对包办婚姻，受胁迫一方可以向婚姻登记机关及人民法院提出请求撤销该婚姻。受胁迫一方撤销婚姻的请求应当自结婚登记之日起一年内提出。被非法限制人身自由的当事人请求撤销婚姻的，应当自恢复人身自由之日起一年内提出。根据《中华人民共和国婚姻法》第十二条规定，可撤销婚姻，自始无效。当事人不具有夫妻的权利和义务。同居期间所得的财产，由当事人协议处理；协议不成时，由人民法院根据照顾无过错方的原则判决。根据最高人民法院《关于适用〈中华人民共和国婚姻法〉若干问题的解释（一）》第十五条解释，被撤销的婚姻，当事人同居期间所得的财产，按共同共有处理。但有证据证明为当事人一方所有的除外。

3. 怎样处理因买卖婚姻引起的财产纠纷？

买卖婚姻是指第三者（包括父母在内）以索取大量财物为目的，包办、强迫他人婚姻的行为。买卖婚姻是以封建社会的聘娶婚为主要表现形式，并由此演变而来。旧社会将女性当成商品买卖，所谓"嫁出去的女，泼出去的水"，正是这种金钱交易婚姻的后果之一。换亲、转亲、童养媳等也都是包办买卖婚姻不同形式的表现。

对买卖婚姻的处理应注意下面几个问题：

（1）根据我国《中华人民共和国婚姻法》第十一条之规定，买卖婚姻属于可撤销的婚姻。买卖婚姻的当事人可按《中华人民共和国婚姻法》第十一条之规定，自结婚登记之日起一年内向婚姻登记管理机关或人民法院要求撤销该婚姻。

（2）对因买卖婚姻获得的财产，应根据具体情况处理。根据最高人民法院的司法解释，属于包办、强迫、买卖婚姻所得的财物，原则上依法收缴国库。

(3) 根据我国《中华人民共和国婚姻法》第十二条规定,可撤销婚姻,自始无效。男女同居期间所得的财产,由当事人协议处理;协议不成时,由人民法院根据照顾无过错方的原则判决。根据最高人民法院《关于适用〈中华人民共和国婚姻法〉若干问题的解释(一)》第十五条解释,被撤销的婚姻,男女同居期间所得的财产,可按共同共有处理。但有证据证明为当事人一方所有的除外。

(4) 禁止包办、买卖婚姻行为。首先要加强法制宣传教育,帮助人们增强法制意识,划清合法与非法的界限。同时,要运用法律手段处理违法行为,对违法者进行严肃的批评和教育,视其情节和后果,予以相应的制裁。

4. 什么是借婚姻索取财物?

借婚姻索取财物是指除买卖婚姻以外的其他借婚姻索取财物的行为。这种情况下,男女双方结婚基本上是自主自愿的,但是一方(主要是女方或者女方父母)向另一方索要一定的财物作为结婚的先决条件。

借婚姻索取财物和买卖婚姻的共同点都是以索取财物为结婚的条件。不同点是买卖婚姻通常是包办强迫婚姻,而借婚姻索取财物,基本上是自主婚,但不是以感情作为基础,而是把满足自己的物质欲望作为缔结婚姻的前提条件。

借婚姻索取财物的行为,严重阻碍了婚姻自由原则的贯彻,败坏社会风气,影响家庭的和睦、稳定,并给许多家庭造成悲剧。其危害性不可低估。

当然,恋爱期间男女双方为增进双方的感情,互赠某些财物,不能简单地视为"借婚姻索取财物"的行为。

5. 如何区分借婚姻索取财物与赠予?

借婚姻索取财物是指男女双方结婚基本上是自主自愿的,但一方却以对方给付一定的财物作为结婚条件的行为。借婚姻索取财物是一方滥用婚姻自由权的行为。我国《中华人民共和国婚姻法》明确禁止借婚姻索取财物。借婚姻索取财物与自愿赠予是两个性质不同的行为。两者的相同点是婚姻基本上是自主自愿的。借婚姻索取财物是指一方主要是女方或女方的父母向另一方索要许多财物,以此作为结婚的条件,实际上以满足某种物质利益作为结婚的代价,这种行为是违法的,是法律所禁止的;但一方对他方自愿赠予的行为则是合法的。借婚姻索取财物是主动索取;赠予是一方自愿给予,但这种赠予行为必须符合法律规定。对这两种行为的处理途径也不同。如系借婚姻索取财物,离婚时,如结婚时间不长,或因索要财物导致对方生活困难的,可酌情返还;但如果是自愿赠予,赠予人无权要求受赠人返还财物。

6. 男女双方结婚时,必须要进行婚前财产公证吗？

婚前财产公证是指国家公证机关根据男女当事人的申请,依照法律规定,证明男女双方为明确其各自婚前财产所有权归属所订立协议书的真实性、客观性与合法性的活动。当事人申请办理婚前财产公证,并不局限于婚前,亦可在婚后进行,十分灵活。通常双方协议约定的内容仅涉及各自婚前财产所有权的归属。根据我国目前法律规定,男女双方结婚时,是否进行婚前财产公证,完全取决于男女双方个人的意愿。法律未要求必须进行婚前财产公证。

7. 办理婚前财产公证需要哪些程序？

男女双方如果进行婚前财产公证需要经过下列几个程序:
(1)准备好相应的身份与财产证明
公证时,当事人准备好相应的证明。如:当事人的身份证、户口本、已婚者要带上结婚证、房产证明、购物证明。如果财产种类较多,可以列上双方签名的财产清单。还应带上婚前财产约定协议书。该协议书的内容包括下列几方面内容:双方当事人的基本情况、财产名称、数量、种类、价位及所有权的归属。
(2)当事人到公证处申请
当事人须持上述材料亲自到公证处申请。婚前财产公证是一项十分严肃的民事法律行为,与人身关系紧密相连,不得委托他人代办婚前财产公证。
(3)公证机关要严格审查
公证机关受理当事人的申请之后,公证人员应就双方协议的内容、有关证明进行严格审查。针对公证人员的提问,当事人有义务认真回答。
(4)签名
如果公证人员经认真核实,认为当事人要求婚前财产公证的行为符合法律规定与要求,应让双方当事人在婚前财产协议书上签名。这标志着婚前财产公证的整个程序履行完毕。

(5)领取公证书

当上述程序履行完毕,应在两周后凭公证收费证明领取公证书。

8. 我国夫妻财产关系包括哪些内容?

我国夫妻财产关系包括夫妻财产制、夫妻互相扶养义务和夫妻互有继承权三个方面的内容。根据我国《中华人民共和国婚姻法》第十七条、十八条及第十九条之规定,我国夫妻财产制是法定婚后所得共同财产制、个人特有财产制与约定财产制的结合。《中华人民共和国婚姻法》第二十条规定,夫妻有互相扶养义务。《中华人民共和国婚姻法》第二十四条规定,夫妻有相互继承遗产的权利。

9. 什么是夫妻财产制?

夫妻财产制是指在婚姻关系存续期间有关夫妻财产所有权的制度。

夫妻财产制的立法形式分为法定财产制与约定财产制。法定财产制是法律明确规定的夫妻财产制的形式。约定财产制是法律允许夫妻双方以协议的方式确定的财产制的形式。婚姻当事人可依法采用约定财产制,如无约定,应适用法定财产制。综观世界各国,其财产制立法各不相同。

(1)统一财产制

统一财产制是指除特有财产外,将妻的原有财产估定价额,转归其夫所有,妻保有对估价金额的返还请求权。

(2)联合财产制

联合财产制亦称管理共同制,指除特有财产外夫妻各保有其财产所有权,但财产联合在一起,由夫管理。

(3)共同财产制

共同财产制是指除特有财产外,夫妻的全部财产或部分财产归双方共同所有。

(4)分别财产制

分别财产制亦称夫妻独立财产制,双方各保有其财产的所有权。

我国夫妻财产制包括共同财产制、约定财产制、个人财产制。

10. 什么是夫妻个人财产?夫妻个人特有财产的范围有哪些?

所谓个人财产是指依据法律规定或双方约定依法应由一方占有、使用、支配与处分的财产,任何人均无权干涉。

2001年修订的《中华人民共和国婚姻法》在我国婚姻立法史上首次以法律的形式明确了夫妻个人财产的范围。根据《中华人民共和国婚姻法》第十八条的规定:有下列情形之一的,为夫妻一方的财产:

(一)一方的婚前财产;

(二)一方因身体受到伤害获得的医疗费、残疾人生活补助费等费用;

(三)遗嘱或赠予合同中确定只归夫或妻一方的财产;

(四)一方专用的生活用品;

(五)其他应当归一方的财产。

对于个人财产,夫妻在离婚时,归一方个人所有,他方无权分割;当财产所有人死亡后,夫妻个人财产应划入遗产的范围,按《继承法》的有关规定处理。

11. 什么是夫妻共同财产制?夫妻共同财产的范围有哪些?

所谓夫妻共同财产是指夫妻双方在婚姻关系存续期间所得的财产。婚姻关系存续期间是指婚姻关系的有效期间。这一概念说明共同财产所有权的主体,只能是具有婚姻关系的夫妻。无效婚姻、非法同居或通奸的男女不能作为其主体。在夫妻对其财产未做约定或约定违法或不明确的情况下,适用法定夫妻财产制也即夫妻婚后所得共同财产制。夫妻共同财产所有权取得的时间,是指从领结婚证之日起到配偶一方死亡或双方离异为止。夫妻分居或离婚判决未生效期间亦是婚姻关系存续期间。《中华人民共和国婚姻法》第十七条规定的"所得"是指财产所有权的取得,而非财产的实际取得。

《中华人民共和国婚姻法》基于现实的需要,明确界定了夫妻共同财产的范畴。根据《中华人民共和国婚姻法》第十七条规定:夫妻在婚姻关系存续期间所得的下列财产,归夫妻共同所有:

(一)工资、奖金;

(二)生产、经营的收益;

(三)知识产权的收益;

(四)继承或赠予所得的财产,但婚姻法第十八条第三项规定的除外;

(五)其他应当归共同所有的财产。

夫妻对共同所有的财产,有平等的处理权。

从夫妻共同财产概念与范围分析,夫妻一方婚前财产、子女财产及其他家庭成员的财产不属于夫妻共同财产的范围。

在我国,夫妻对共同财产的权利和义务是平等的,夫妻对全部共有财产,平等地享受权利,平等地承担义务。也即对夫妻共同财产,不论是一方或双方的收入,也不论收入多少,夫妻双方均有平等的占有、使用、收益和处分的权利,任何一方未经对方同意,不得擅自处理夫妻共同财产。

12. 什么是夫妻约定财产制？约定财产的法律效力如何？

所谓约定财产制是法律允许双方以协议方式,对夫妻在婚姻关系存续期间所得的财产所有权的归属、使用、收益和处分等事项做出约定,以排除法定共同财产制适用的制度。

随着我国经济改革的深入及社会的发展,人民物质文化生活水平日趋提高,公民财产日益丰富,夫妻要求用多种形式处理双方财产是很正常的。随着涉外婚姻和再婚现象的增多,随着人们婚姻家庭观念的变化,规定夫妻约定财产制可以合理地保护当事人的财产权益。

《中华人民共和国婚姻法》第十九条明确规定:夫妻可以约定婚姻关系存续期间所得的财产以及婚前财产归各自所有、共同所有或部分各自所有、部分共同所有。约定应当采用书面形式。没有约定或约定不明确的,适用本法第十七条、第十八条的规定。

夫妻对婚姻关系存续期间所得的财产以及婚前财产的约定,对双方具有约束力。

夫妻对婚姻关系存续期间所得的财产约定归各自所有的,夫或妻一方对外所负的债务,第三人知道该约定的,以夫或妻一方所有的财产清偿。

根据最高人民法院《关于适用〈中华人民共和国婚姻法〉若干问题的解释(一)》第十八条解释,《婚姻法》第十九条所称的"第三人知道该约定的",夫妻一方对此负有举证责任。这一规定也是为了更好地保护当事人的合法权益。

13. 约定财产需要哪些法定条件？

由于约定是一种双方民事法律行为,因此须具备一定的法定条件。根据我国《民法通则》的规定:

第一,双方必须是有民事行为能力的人;

第二,双方必须自愿;

第三,约定必须合法。

双方约定的内容不能超越有关法律和有关政策的规定。

关于约定的方式,根据我国现行司法解释规定,夫妻双方就财产关系所做的书面约定及无争议的口头除规避法律规定的外,应认为是有效约定。一般而言,应以书面形式为原则。对双方都承认的口头约定,应确认其具有法律效力。

14. 什么是夫妻共同债务?

所谓共同债务是在婚姻关系存续期间夫妻双方所负债务。《中华人民共和国婚姻法》第四十一条规定:"离婚时,原为夫妻共同生活所负的债务,应当共同偿还。共同财产不足清偿的,或财产归各自所有的,由双方协议清偿;协议不成时,由人民法院判决。"

共同债务的范围包括:为履行抚养、扶养及赡养义务所负债务;夫妻一方或双方为治病所负债务;为支付共同生活开支所负债务;夫妻双方从事家庭承包经营所负债务;夫妻双方约定由一方所承担的债务,但因规避法律,损害国家、集体或者第三人利益导致约定无效的,一方所承担的债务仍视为夫妻共同债务。共同债务的清偿首先应双方协商解决;协议不成时由人民法院根据实际情况判决由双方合理地分担清偿责任。

15. 什么是夫妻个人债务?

个人债务是指夫妻一方婚前所负债务以及婚后双方约定为个人负担的债务。还包括:一方未经对方同意擅自资助与其没有扶养义务的亲朋所负债务;一方未经对方同意,独自筹资从事经营活动,其收入确未用于共同生活所负的债务。个人债务原则由其本人偿还,对方自愿为其偿还不受限制。

16. 法律允许夫妻单方处理夫妻共同财产吗?

根据《中华人民共和国婚姻法》第十七条规定,夫妻对共同所有的财产,有平等的处理权。最高人民法院《关于适用〈中华人民共和国婚姻法〉若干问题解释(一)》第十七条进一步对上述规定做出解释:"夫或妻对夫妻共同所有的财产,有平等的处理权"的规定,应从以下两方面理解为:

(一)夫或妻在处理夫妻共同财产上的权利是平等的。因日常生活需要而处理夫妻共同财产的,任何一方均有权决定。

(二)夫或妻非因日常生活需要对夫妻共同财产做重要处理决定,夫妻双方应当平等协商,取得一致意见。他人有理由相信其为夫妻双方共同意思表示的,另一方不得以不同意或不知道为由对抗善意第三人。

17. 夫妻双方在约定财产时应注意哪些事项？

夫妻在约定财产时，应注意下列事项：

(1) 注意形式合法

根据《中华人民共和国婚姻法》第十九条之规定，约定应采用书面形式。

(2) 注意具备实质要件

夫妻双方在约定财产时，一定要注意行为人要有相应的行为能力、意思表示真实、不违反法律与社会利益，同时尊重第三人知情权。

如果在约定财产时忽视上述事项，往往会导致约定不明确或约定无效。只有依照法律规定约定财产归属，才能更有效地维护自己的合法权益。

第三节 婚姻家庭案例分析

1. 区别夫妻共同债务与夫妻个人债务有何意义？

胡某（女）是一家工厂的工人。胡某丈夫经常在外面跑业务，但胡某从不知丈夫在干什么。后胡某生一女儿，女儿也是胡某自己带着。后来许多人跑到胡某的单位寻找其丈夫，胡某才知道自己的丈夫在外面经营了一家公司，因其经营不善，欠了20万元债务。因丈夫长期躲在外面，拒不还债，胡某应帮丈夫还欠款吗？

在我国立法上对夫妻共同债务与个人债务做了不同的范围界定。根据《中华人民共和国婚姻法》及最高人民法院《关于人民法院审理离婚案件处理财产分割问题的若干具体意见》的规定，下列债务是个人债务：

(1) 夫妻约定由个人负担的债务，但逃避债务的约定除外；

(2) 一方未经对方同意，擅自资助与其没有扶养义务的亲朋所负的债务；

(3) 一方未经对方同意，独立筹资从事经营活动，其收入确未用于共同生活所负的债务；

(4) 其他应由个人承担的债务。

共同债务是指夫妻为共同生活或为履行抚养、赡养义务等所负债务。共同债务的认定应具体下列条件：

(1)债务必须发生在婚姻关系存续期间；

(2)借款人必须是为了家庭共同利益。

正确区分个人债务与共同债务旨在适用不同的清偿原则。

个人债务,应由夫妻一方以其个人财产清偿;共同债务,应由夫妻共同财产清偿。

本案胡某的丈夫经商并未与胡某商量,事后其收益也并未用于家庭共同生活中。因此胡某丈夫所负的债务应属其个人债务,应以其个人财产清偿,而不应以夫妻共同财产偿还。

2. 夫妻分居,一方在外借钱应否属于夫妻共同债务?

张某(女)结婚后才发现与丈夫性格不合,在孩子5岁时双方分居。后张某的单位进行改革,张某的收入降低。他们的孩子身体不好,经常看病。张某的收入有限,只好向他人借钱。后张某与丈夫协议离婚,双方对离婚及其他财产分割均无争议,但对张某给孩子看病所借的5000元持不同意见。张某认为尽管是分居期间自己所借,但用于给孩子看病,应由双方共同偿还。张某的丈夫则认为借款时未与自己商量,现在要自己一起还钱不公平。

根据《中华人民共和国婚姻法》第四十一条之规定,离婚时,原为夫妻共同生活所负的债务,应当共同偿还。共同财产不足清偿的,或财产归各自所有的,由双方协议清偿;协议不成时,由人民法院判决。

本案中张某是以个人名义为孩子看病借款,显然这笔债务确实用于家庭共同生活当中。法院经调查属实,判令以共同财产清偿债务,也即由张某与丈夫共同清偿债务。如果一方在外借钱不是用于家庭共同生活中的,应认定为夫妻一方个人债务,由个人负责清偿。

3. 解除婚约后应否退还彩礼?

王某(女)16岁那年,由父母做主,与同村的张某(男)订婚。每年张某家都要送给王某家一定的钱。18岁那年,王某提出要解除婚约关系。张某感到十分气愤,提出如果王某真的要解除婚约也可以,但必须归还订婚时送给王某的8000元彩礼钱。张某的要求是否能得到法律的支持呢?

对处理解除婚约后的彩礼问题,应采取慎重而客观的态度,不可采用简单、粗暴的方法。彩礼虽是男女之间的隐私问题,但如果处理不当就会导致矛盾升级。根据最高人民法院《关于人民法院审理离婚案件处理财产分割问题的若干具体意见》第十九条解释,借婚姻关系索取的财产,离婚时,如结婚时间不长,或者因索要财产造成对方生活困难的,可酌情返还。对取得财物的性质是索取还是赠予难以认定的,可按赠予处理。在实践中法院对此问题处理通常倾向于彩礼酌情返还,本案张某的要求可以得到法律的支持。具体处理时,张某可通过村委会、居委会、基层调解组织和有关单位进行调解、协商;调解不成,张某可向人民法院起诉。

4. 以结婚为条件的赠予有效吗?

李某(男)与金某(女)系自由恋爱。李某表示结婚后,给金某一条祖传的金项链。婚后由于双方为一些生活琐事发生了争议,李某再也不提金项链一事。金某认为李某以金项链引诱自己与其结婚,所以决定以离婚惩罚李某。金某与李某协议离婚未果,金某最终向法院起诉要求离婚,并提出金项链应归其所有。法院支持了金某的离婚请求,但并未满足其将金项链判归其所有的请求。

赠予是当事人一方以意思表示将自己的财物无偿地转移给他方,而他方受领的行为。赠予是公民处分自己财产的一种方法与手段。公民将财产赠予谁、赠予什么,均属财产所有人的权利,受法律保护。当然赠予行为可以附条件。我国《民法通则》第六十二条明确规定:"民事法律行为可以附条件,附条件的民事法律行为在符合所附条件时生效。"我国《民法通则》第五十八条进一步规定,违反法律或者社会利益的民事行为则是无效的。因此以结婚为条件的赠予行为是无效的民事行为。所以本案金某向李某主张金项链的权利当然无法受法律的保护。

5. 夫妻财产约定对第三人是否具有法律效力?

胡某(男)与汪某婚后第三年下岗。胡某向朋友万某借款4万元开始做服装生意。由于不了解市场行情,胡某的生意难有进展。2001年10月之后,胡某的经营处于亏损状态。汪某开始担心风险太大,遂于2002年1月与丈夫约定,胡某的生意与家庭无关。家庭的共同存款8万元全由汪某掌握。之后,胡某的服装全部积压,资金难以回收。万某多次上门催胡某还款,但胡某都说无力偿还。后万某听说汪某有8万元存款,因此再度提出还款一事,但胡某告知万某自己与妻子有约定,自己的经营与妻子无关。万某在协议无望的情况下,诉至法院要求胡某夫妻以共同财产承担还款责任。

《中华人民共和国婚姻法》第十九条规定:"夫妻可以约定婚姻关系存续期间所得的财产以及婚前财产归各自所有、共同所有或部分各自所有、部分共同所有。"只要夫妻双方的约定符合我国法律之规定就具有法律效力。但《中华人民共和国婚姻法》第十九条同时规定:"夫妻对婚姻关系存续期间所得的财产约定归各自所有的,夫或妻一方对外所负的债务,第三人知道该约定的,以夫或妻一方所有的财产清偿。"

夫妻就财产关系进行约定后,即对双方当事人及第三人发生法律约束力。

首先,对夫妻双方发生法律约束力,这是对内效力。

其次,根据公平原则,为保护第三人的利益和维护交易安全,夫妻财产约定须为第三人所明知或经公证的,才能发生对外效力。也即第三人知道夫妻财产各自所有的约定,该约定对第三人具有法律效力。如果第三人对夫妻财产约定不知情,该约定的效力不能及于第三人。也即债务不能由夫妻一方承担,而是由双方承担。

本案中胡某与汪某的财产约定从表面上符合法律规定,但为规避经营中的风险,进行了财产约定,显然对第三人即债权人万某是极不公平的。因此这一财产约定对万某不具有法律效力。根据《民法通则》及《中华人民共和国婚姻法》的有关规定,胡某所欠债务,应以其家庭财产承担清偿责任。

6.夫妻一方继承的财产是否应归夫妻共同所有?

遗嘱是公民将自己的财产指定由法定继承人中的一人或数人继承,并在自己死后发生法律效力的行为。

孙某有两个儿子,均已婚。2000年孙某患糖尿病很严重,大儿子经常回家探望,并想办法照料孙某。但小儿子却不管不问,让老人十分伤心。孙某的老伴去世多年,小儿子曾因继承问题与父亲争吵。2001年12月,孙某立下遗嘱,将自己所有的财产归大儿子继承。孙某去世后,小儿子提出不同意见,认为这个遗嘱剥夺了自己的继承权,要求分得遗产,但遭到大哥的反对。经法院确认此遗嘱有效,判令孙某的遗产全部由大儿子继承。此时大儿媳提出遗产也应有自己的一部分。大儿子认为自己继承的财产全部归自己所有,与妻子无关。那么大儿子在该婚姻关系存续期间继承的财产是夫妻共同财产还是其个人的财产呢?

《中华人民共和国婚姻法》基于现实的需要,明确界定了夫妻共同财产的范畴。根据《中华人民共和国婚姻法》第十七条规定:夫妻在婚姻关系存续期间所得的下列财产归夫妻共同所有:

(一)工资、奖金;

(二)生产、经营的收益;

(三)知识产权的收益;

(四)继承或赠予所得的财产,但本法第十八条第三项规定的除外;

(五)其他应当归共同所有的财产。

夫妻对共同所有的财产,有平等的处理权。

本案涉及在婚姻关系存续期间继承的财产归属问题。其中第四款中所说"第十八条第三项规定的除外",是指遗嘱合同中确定只归一方所有的财产。

本案中孙某在遗嘱中指明自己的财产全部归大儿子个人所有,体现了遗嘱人的真实意思表示。尽管遗产的取得是在婚姻关系存续期间,但应认定为大儿子个人财产,而非夫妻共同财产。但应注意如果未在遗嘱合同中确定只归一方所有,那么夫或妻一方在婚姻关系存续期间所继承的财产应视为夫妻共同财产。

7. 婚前写书,婚后出版所得稿费是夫妻共同财产吗?

方某(男)是一位作家。在一次研讨会上与王某相遇。婚前方某一直致力于一部爱情题材的小说创作。婚后一年,方某的小说终于出版,并得到3万元稿费。王某想用此钱去买家具,但方某不同意。方某认为稿费是自己婚前所写,应归个人所有。而王某则认为既然是婚后出版才得到的稿费当然是夫妻共同财产。

《中华人民共和国婚姻法》第十七条规定,夫妻在婚姻关系存续期间所得的知识产权的收益应属夫妻共同财产。根据法律规定,知识产权的收益除双方另有约定的以外,应属夫妻共同财产,归夫妻共同所有。方某写作的收益属正常生活中的收益,如无特别约定,应归夫妻共同所有。但是,方某因知识产权而获得收益还有两层法律关系:

(1)方某对其作品享有著作权

根据《著作权法》第二条的规定,中国公民、法人或者非法人单位的作品,不论是否发表,享有著作权。著作权包括发表权、署名权、修改权、保护作品完整权、使用权、获得报酬权。

(2)期待权产生的时间决定了稿费的性质

拥有著作权只是具有了获得利益的基础与可能。只有与出版社订立合同才会有利益产生的可能。而只有此时才获得了利益的期待权。如果期待权产生在婚后,其稿费应视为夫妻共同财产;如果期待权产生于婚前,其稿费则属于一方婚前的个人财产。

本案经调查,方某是在婚前与出版社签约,因此期待权产生于婚前,婚后取得的3万元稿费如无其他约定,应视为方某的婚前个人财产,归方某个人所有。

8. 如何理解父母子女之间的抚养、赡养义务?

杨某夫妻中年得子,取名大利。他们对儿子十分溺爱,但儿子长大后,经常与杨某夫妻吵架。当父亲去世后,儿子对妈妈经常出口不逊。更让妈妈伤心的是,儿子提出断绝母子关系。大利的做法会得到法律的肯定吗?

大利的做法不仅有悖于我国的优良传统道德,也是违反法律的。

《中华人民共和国婚姻法》对父母子女关系做了全面的规定,根据《中华人民共和国婚姻法》第二十一条、第二十四条等规定,父母子女之间包括以下的权利与义务关系:

(1)父母对子女有抚养与教育的权利与义务

父母不履行义务时,未成年的或不能独立生活的子女有要求父母付给抚养费的权利。

(2)子女对父母有赡养、扶助的义务

子女不履行赡养义务时,无劳动能力的或生活困难的父母有要求子女付给赡养费的权利。

(3)父母子女有相互继承遗产的权利

大利的做法没有法律效力。如果妈妈需要儿子赡养,可以与儿子协商,协商不成,可以通过诉讼程序解决。

9. 继父母与继子女间形成权利义务关系的条件是什么?

小晶6岁时,父亲去世,母亲带着小晶再婚。继父对小晶视同己出,生活与学习上对小晶十分关心。小晶上了大学,毕业后到一家外企工作。但此时继父身患重病。小晶认为,自己可以赡养母亲,但不用赡养继父,因继父与自己没有血缘关系。

小晶的这种想法是错误的。

《中华人民共和国婚姻法》第二十七条规定:"继父母与继子女间,不得虐待或歧视。继父或继母和受其抚养教育的继子女间的权利和义务,适用本法对父母子女关系的有关规定。"由此可见,继父母与继子女之间具有权利义务关系的前提是他们之间具有抚养和教育的关系,也即有抚养教育关系的继父母与继子女间的权利义务,相当于父母与亲生子女间的权利和义务关系。这就有效地保障了继父母和继子女间的合法权益。

本案小晶的继父对其履行了很多的责任,小晶与继父之间已形成了法律上的抚养教育关系,其关系相当于父母子女关系。根据《中华人民共和国婚姻法》第二十七条的规定及权利与义务相一致的原则,小晶应对继父承担赡养义务。这不仅是道德的要求,更是法律的责任。

10. 对再婚父母,子女还有赡养的义务吗?

高某(男)老伴去世后,他在婚姻介绍所的帮助下,认识了一位退休女工。两人一见钟情。经过一年的了解,高某决定与退休女工办理结婚登记手续。但高某的独生子表示强烈反对,并说如果高某结婚的话,自己再也不给老人生活费,并阻挠老人领结婚证。

老人再婚自由是受我国法律保护的。同时老人再婚后的赡养问题也有法律明确规定。

《中华人民共和国婚姻法》第二条规定:实行婚姻自由、一夫一妻、男女平等的婚姻制度。保护妇女、儿童和老人的合法权益。《中华人民共和国婚姻法》第三条特别规定,禁止干涉婚姻自由的行为。《中华人民共和国老年人权益保障法》第十八条规定:"老年人的婚姻自由受法律保护。子女或其他亲属不得干涉老年人离婚、再婚及婚后的生活。赡养人的赡养义务不因老年人的婚姻关系变化而变化。"针对老年人再婚难,再婚后的生活难以保障的问题,《中华人民共和国婚姻法》特别增设了第三十条。该条规定:"子女应当尊重父母的婚姻权利,不得干涉父母再婚以及婚后的生活。子女对父母的赡养义务,不因父母的婚姻关系变化而终止。"

本案高某儿子的做法是违法的。高某可以通过法律的途径实现自己的婚姻自由权,当然其受赡养的权利也不因结婚而有改变。

11. 解除收养关系后,养子女在什么情况下,还应对养父母承担赡养义务?

小森从小由养父母收养。长大后小森知道自己是养子后,感情发生了变化,对养父母的感情越来越冷淡。养父母与小森解除了收养关系,但两位老人生活困难,想让小森承担赡养义务,遭到拒绝。小森认为已解除了收养关系,就等于他与养父母之间不再有法律上的联系了。法律真是这么规定的吗?

根据《中华人民共和国收养法》的规定,收养关系解除后,经养父母抚养成人的养子女,对缺乏劳动能力又缺乏生活来源的养父母,应当付给生活费。这一规定体现了我国法律人文关怀的精神,也体现了权利与义务相一致及公正原则。本案小森应继续承担对老人的赡养义务。

第二章 人身权利

　　人身权利，是指公民依法享有的与人身直接相关的权利，它是公民基本权利的重要部分。人身权利包括公民的生命健康不受侵犯、人身自由不受侵犯、人格尊严不受侵犯、住宅不受侵犯、通信自由和通信秘密不受侵犯等。人格尊严又包括肖像权、名誉权、荣誉权、姓名权和隐私权等。当人身权受到侵害时，可以请求司法保护。

第一节 生命健康权

1. 什么是生命健康权？

　　我国《民法通则》第九十八条规定："公民享有生命健康权。"生命健康权是指自然人对自己的生命安全、身体组织完整的生理机能以及心理状态的健康所享有的权利，包括生命权、健康权和身体权。

　　生命健康权是每一个公民享有的最基本的人权。

　　生命权是指公民生命不被非法剥夺的权利，健康权是指公民的身体健康不受非法侵害的权利。每个人的生命只有一次，因此生命健康权是公民权利中的首要权利，是公民享有一切权利的基础。如果生命健康权得不到保障，那么公民的其他权利就无法实现了。

　　非法侵害公民的生命健康权，要承担相应的民事责任和刑事责任。为保护自己的生命和健康，公民可以行使自卫权和请求权。自卫权是指公民当自己的生命或者健康受到正在进行的危害或者即将发生的危险时，有权依法采取相应的措施进行自卫，如正当防卫和紧急避险。请求权是指当公民的生命或者健康受到不法侵害时，其本人或其亲属有权要求加害者停止侵害，并请求司法机关依法追究加害者的法律责任。

2. 对于一般伤害的赔偿包括哪些费用？

《民法通则》第一百一十九条规定的对健康权损害的常规赔偿，只包括医疗费和因误工减少的收入。

《国家赔偿法》第三十四条专门规定了对侵犯公民生命健康权的国家赔偿标准的计算方法：

（一）造成身体伤害的，应当支付医疗费、护理费，以及赔偿因误工减少的收入。减少的收入每日的赔偿金按照国家上年度职工日平均工资计算，最高额为国家上年度职工年平均工资的五倍；

（二）造成部分或者全部丧失劳动能力的，应当支付医疗费、护理费、残疾生活辅助具费、康复费等因残疾而增加的必要支出和继续治疗所必需的费用，以及残疾赔偿金。残疾赔偿金根据丧失劳动能力的程度，按照国家规定的伤残等级确定，最高不超过国家上年度职工年平均工资的二十倍。造成全部丧失劳动能力的，对其扶养的无劳动能力的人，还应当支付生活费；

（三）造成死亡的，应当支付死亡赔偿金、丧葬费，总额为国家上年度职工年平均工资的二十倍。对死者生前扶养的无劳动能力的人，还应当支付生活费。

前款第二项、第三项规定的生活费的发放标准，参照当地最低生活保障标准执行。被扶养的人是未成年人的，生活费给付至十八周岁止；其他无劳动能力的人，生活费给付至死亡时止。

3. 什么是青少年的生命健康权？

未成年人是社会中的弱势群体，同时也承担祖国和民族未来建设的责任，其生命和健康受到法律的特殊保护。我国《宪法》规定："父母有教育未成年子女的义务。禁止虐待老人、妇女和儿童。"《未成年人保护法》规定："父母或者其他监护人应当依法履行对未成年人的监护和抚养义务，不得虐待、遗弃未成年人；不得歧视女性未成年人或者有残疾的未成年人；禁止溺婴、弃婴。"同时规定："国家保障未成年人的人身、财产和其他合法权益不受侵犯。对侵犯未成年人合法权益的行为，任何组织和个人都有权予以劝阻、制止或者向有关部门提出检举或者控告。"

《未成年人保护法》还规定："侵犯未成年人的人身权利或者其他合法

权利，构成犯罪的，依法追究刑事责任；虐待未成年家庭成员的，情节恶劣的，依照《刑法》规定追究刑事责任。"同时，我国法律还禁止用工单位非法招用未满 16 周岁的未成年人，禁止安排未成年人从事矿山井下、有毒、有害、劳动强度大的劳动。非法使用童工是严重摧残未成年人的安全和健康，并且会损害国家和民族未来建设的不道德行为和违法行为，不仅要受到舆论谴责，严重的要受到法律严惩。

　　既然国家已从法律上保护未成年人的生命健康权，那么作为未成年人，更应该珍惜自己的生命。如果因为困难、挫折、失意而自杀，必然会给父母及亲人带来无尽的哀伤，还会引发一系列社会问题。如果未成年人不珍爱自己的身体，还会造成更大的社会负担。因此，轻生或自残等行为是不符合社会道义的，同时也是法律不允许的。每个青少年都应该本着对家庭、自我、社会负责的精神，自尊、自爱、自强！

4. 青少年如何远离家庭暴力？

　　据报道，一个 15 岁的农村少年，由于家境贫困，小学二年级就辍学务农。邻居们都认为这孩子很乖。然而，他的父亲嗜酒，家庭条件又不好，每次喝完酒都打骂他，他恐惧不堪，甚至想到了离家出走，最终悲剧发生了！在父亲又一次打他的时候，他反抗了，用水果刀刺死了父亲，自己也因此葬送了美好的青春，一个家庭悲剧就这样发生了。

　　这是一起典型的由于家庭暴力而引起的刑事案件，也是一起因家庭暴力而引发青少年犯罪的案件。在这个事件中，孩子因为贫困而辍学，在这样的家庭氛围中，无论父母还是孩子都会压抑，父亲的家庭暴力倾向应该说也与此有关。生活的窘困使父亲酗酒，从而引发家庭暴力，不堪忍受的孩子成了少年犯，导致了家庭悲剧的发生。由此可见，家庭暴力是产生家庭悲剧的重要因素。

　　当今社会，竞争激烈，大部分家庭的经济压力都比较大，因此人们的心理非常脆弱，这是产生家庭暴力的诱因，青少年时期也是一个身体、心理都有待成熟的时期，这个时期的未成年人容易冲动，做事不计后果，在这样的心理背景下，家庭暴力很容易引发青少年犯罪！

　　近几年来，家庭暴力日益增多，因此而产生的家庭悲剧不断发生，已经成为一个严重的社会问题。而针对青少年的家庭暴力也呈上升趋势，因为不堪家庭暴力而导致的青少年恶性案件时有发生。某大城市的一名 16 岁的少年亲手杀害了自己的母亲，然后拿走了家里所有的现金，跑到外地一顿挥霍。但警方找到他的时候，他还没意识到事情的严重！当问及他为什么对母亲下此狠手时，他却说是因为母亲在自己犯错后总是拳打脚踢，甚至用棍子打他的背，至今他的背上仍有打过的痕迹。

据有关调查显示，近年来我国青少年因为家庭暴力引发的犯罪呈逐步上升的趋势，专家研究显示，家庭暴力是未成年人产生不良行为的催化剂。因为家庭暴力不仅仅伤害了未成年人的身体，更重要的是暴力损害了孩子与父母之间的信任和亲情，未成年人的心理在暴力中受到扭曲，形成了不良的性格特征，走入社会，也同样会在社会中埋下犯罪的种子。中国政法大学一位专门研究青少年犯罪的专家指出，在家庭暴力发生较多的家庭中长大的孩子，实施暴力犯罪的可能性更大。这不是遗传，而是后天的"培养"。

美国哈佛大学的一项研究也得出了相同的结论：青少年的暴力行为与家庭暴力及儿童强烈的害羞行为有关。负责这项研究的一位教授指出，儿童在家庭中经常被施以暴力以及亲眼看见父母之间的家庭暴力，是其是否会因为家庭暴力而犯罪的重要指标。被暴力对待的孩子常常会隐藏自己的愤怒情绪，这种负面情绪会日积月累，最终形成暴力倾向。因此，一些平时看起来非常乖巧听话的孩子，会因为偶然事件的激发，做出极端暴力的行为。

近年来，国家在保护青少年免遭家庭暴力方面已经采取了许多有力措施，同时大力加强青少年思想道德建设。但让青少年健康成长仅靠政府和社会是远远不够的，家庭也是一个重要成长环境，因此，作为孩子首任老师的家长责无旁贷。家长首先要保证的是，让青少年远离家庭暴力，给孩子的成长创造温馨和谐、平等关爱的家庭环境。同时，在遭到家庭暴力后，青少年也要冷静对待，特别是不断遭到家庭暴力后，更是不要以暴制暴，应该及时寻求其他长辈以及学校、社区、社会的帮助。青少年教育机构，学校的老师，尤其是班主任应该及时发现青少年的情绪异常，及时沟通，找到合理的渠道化解青少年的不良情绪，积极安抚，不让不良情绪淤积到形成犯罪的程度。

青少年的健康成长是全社会的责任，首当其冲的当然是家长，家长应该不断提高自己的修养，杜绝家庭暴力！青少年在一定的时候可以拿起法律武器捍卫自己的合法权利，主动远离家庭暴力！

第二节 姓名权

1. 什么是姓名权?

姓名权是公民依法享有的自主决定、使用、改变自己姓名的权利。姓名并不限于公民在户籍机关正式登记的本名,还包括公民使用的能够用来确定和代表其个人特征的其他姓名。如一些名人常以笔名、艺名代替自己的本名使用。再如我国传统上还有在姓名之外另取"字""号"的习惯,至今仍有部分人保留着这一传统。因此,只要这些笔名、艺名、字、号能够用来说明自己,与他人区别开来,就能够为姓名权所保护。但是,假名却不受姓名权保护,因为它不能真实地表现某人的人格特征,故不受姓名权的保护。

2. 姓名权包括哪些内容?

我国《民法通则》第九十九条规定:"公民享有姓名权,有权决定、使用和依照规定改变自己的姓名,禁止他人干涉、盗用和假冒。"

首先,公民享有姓名决定权。这是公民基本的人格权利。公民取得正式姓名应当依法办理有关法律手续。公民的姓名一经登记,就成为公民的正式姓名,并开始受到法律的保护。但是,公民只有且有意思能力以后才能行使姓名决定权。在其尚未具有完全行为能力之前,该权利只能由其监护人代为行使。

第二,公民享有姓名使用权,即公民使用自己的姓名以明确自己的身份的权利,如在证件上签字等。在某些情况下,公民可以授权他人使用自己的姓名从事某些民事行为,但必须以不损害第三者的利益和不引起第三者的误会为限。

第三,公民享有姓名变更权,即公民依照有关法律规定可以改变自己的姓名。根据我国《户口登记条例》第十八条规定,未满十八周岁的公民需要变更姓名时,由其本人或父母、收养人向户口登记机关申请变更登记。十八岁以上的人需要变更姓名时,由本人向户口登记机关申请变更登记。对公民的笔名、艺名的变更,无须办理法定的更名手续。

第四,公民享有姓名维护权,即姓名权人在其权利受到侵害或遭受妨害的情况下,有权提出停止侵害、排除妨害、赔偿损失等请求,以保护和实现其权利。

3. 法律对公民的姓名权有限制吗?

(1) 公民从事重要的法律行为,必须使用其正式姓名。所谓正式姓名,即公民经过登记记载于户口簿上的姓名。所谓重要的法律行为,是指公民从事重大的、涉及第三者利益或公共利益的活动。

(2) 公民不得随意允许他人使用自己的姓名,即公民的姓名权具有专有性。公民不得滥用姓名权,该权利的转让不得引起他人误会并不得损害第三人及社会公共利益。

(3) 公民不得基于不正当目的而取与他人相同的姓名。重名的现象固然普遍,但公民如果基于不正当目的而故意取与他人相同的姓名,如为了陷害他人而冒名顶替等等,是法律所禁止的行为。

4. 什么是假冒他人的姓名?

有这样一个案例:一男子与其情妇同宿,在旅馆登记时,该情妇在"关系"栏中填写为该男士之妻子。这种情况是否侵犯他人的姓名权呢?答案是肯定的。利用与他人的姓名容易相混的条件或利用他人的身份和名义从事某种行为,也应认定属于冒用他人姓名。在本案中,尽管该情妇没有写明该男士之妻的姓名,但她却利用他人的身份骗取旅馆的信任,同样构成侵权行为。

假冒他人的姓名是指未经他人同意或授权,擅自以他人的名义实施某种活动,或者实施不利于本人、社会的行为。例如,侵权人经常利用公众对知名人士的崇敬、信任,使用知名人士的姓名进行招摇撞骗等活动。

第三节 肖像权

1. 何谓肖像权?

肖像权是公民对自己的肖像上所体现的利益为内容的人格权,它包含着肖像所体现的精神利益和物质利益为内容的民事权利。肖像可以是一般的照片、画像，也可以是其他艺术形式的再现物，如艺术摄影、雕塑等。公民对这些表现形式所享有的专有权就是人们常说的肖像权。

2. 肖像权包括哪些基本内容？

肖像权包括以下基本内容：

（1）肖像的专有权，即公民有权拥有自己的肖像，拥有对肖像的制作专有权和使用专有权。公民有权根据自己的合法需要，通过任何形式制作自己的肖像，他人不得干涉；公民有权禁止他人非法制作自己的肖像；公民有权允许他人制作自己的肖像，并且有权通过他人制作自己的肖像而获得报酬。比如，公民为杂志拍摄封面。

肖像的使用是肖像自身价值的重要表现。肖像不仅对本人，对其他人以至社会也同样具有可利用的价值，人们可以根据不同的需要而使用肖像，但享有肖像专用权的只能是肖像权人。公民有权以任何方式使用自己的肖像，并通过使用取得精神上的满足和财产上的收益，他人不得干涉；公民有权禁止他人非法使用自己的肖像；公民有权无偿或有偿地允许他人使用自己的肖像。

（2）公民有权禁止他人非法使用自己的肖像或对肖像进行损害、玷污。对于他人的侵权行为，权利人有权请求行为人停止侵害，当权利人的请求得不到满足时，肖像权人还可以诉至人民法院，请求法院保护自己的权利。

3. 侵害他人肖像权民事责任的承担方式有哪些？

根据《民法通则》第一百二十条规定：侵犯公民肖像权的民事责任包括停止侵害、恢复名誉、消除影响、赔礼道歉、赔偿损失。

其中，停止侵害属于制止性质的责任方式，赔偿损失为财产性质的责任方式，赔礼道歉为非财产性质的责任方式。这几种方式可以单独或同时适用。

4. 对于侵害肖像权的行为能否要求精神损害赔偿？

最高人民法院《关于确定民事侵权精神损害赔偿责任若干问题的解释》第一条规定了对于肖像权受到非法侵害的，可以向人民法院起诉，要求侵权人对于精神利益受到的损害进行赔偿。所以，对于侵害肖像权的行为，给肖像权人造成精神上的损害时，受害人可以要求精神损害赔偿。

5. 常见的肖像侵权行为有哪些?

在现实生活中,侵犯他人肖像权的现象比较复杂,常见的肖像侵权行为有以下几种:

(1) 未经他人同意以营利为目的使用他人肖像。这种行为主要侵犯了肖像权人所享有的肖像给他带来的财产利益,未经权利人同意当然构成侵权。

(2) 以侮辱等非法目的使用他人肖像。现实生活中,为了发泄私愤、侮辱他人人格或者玷污他人名誉等非法目的,而丑化、玷污、毁损他人的肖像。比较常见的侮辱行为有:倒挂、焚烧、涂抹、撕坏、践踏他人肖像。这种行为将会导致贬低、损害肖像权人的人格尊严,使其精神上受到伤害。比如,王某为某校老师,张某是其同事,但平时关系不睦。某年,在迎新晚会上,张某拍摄王某唱歌时的面部特写,使其缺陷更为明显。其后,张某将该照片用图钉钉在学校黑板报上,上面书写"展示"二字,造成较坏影响。在本案中,由于张某是以侮辱目的而使用他人肖像,因此张某的行为就侵犯了王某的肖像权。

(3) 超过肖像使用合同约定的范围使用他人肖像。在现实生活中,经常发生超过所签合同约定使用范围使用肖像的行为。比如,李女在一美发厅做完发型后,理发师觉得效果很好,于是和李女商量拍下发型照片作为资料使用,李某同意,但是提出不可公开摆放、陈列,照片的底片归李某所有作为条件。被告同意之后,被告将包括李某照片在内的照片印成一套,先在理发培训班上作为示范教学用,其后将其以每套10元的价格出售给该市各理发店。李某的亲友发现后告诉了李某,李某遂以侵犯肖像权为由将该理发师告上法庭。在该案中,将李某照片用作教学演示的行为属于合同约定的范围内,但是将其照片公开出售则明显超出了约定的使用范围,因此,应当认定该美发师的行为构成侵权。

(4) 其他的非法性使用。这里主要指善意的、非营利性的、小范围的、未经肖像权人同意使用他人的肖像。比如为了鉴赏、猎奇、收藏、纪念、回忆等目的而制作、收藏、展示他人肖像等。这种行为的后果虽然不是很严重,但是同样侵犯了他人的肖像权。

6. 为了社会公益而将所拍照片发表会侵犯肖像权吗?

刘某是一个业余摄影爱好者,前几天在一公园游玩时,发现几个女生边走边吃东西边把果皮扔在地上，刘某立即按动快门。不料她们立即围过来，要刘某立即将照片销毁，说如果一旦报社刊登，就告刘某侵犯肖像权。那么，刘某如果将该照片在报刊上发表，是否就侵犯了这几个女生的肖像权呢？

刘某的行为并不侵犯这几个女生的肖像权。我国《民法通则》及有关司法解释规定了公民享有肖像权。但是，公民肖像权的行使，在某些场合下是受到限制的，公民不是对任何使用其肖像的行为都可以提起侵权诉讼的。如为了新闻报道的目的，新闻工作者有权在照片中使用他人的肖像。刘某为了向报社反映一些公民不讲卫生的行为，使用她们的肖像，其目的是为了维护社会公德，非以营利为目的，而且没有非法毁损、恶意玷污她们的肖像，所以刘某的行为并不构成肖像侵权。

7. 经同意被他人拍照后的照片可以随便使用吗？

1996年4月，万某到某大学体育系，经校方同意拍摄艺术体操照片，原告彭某7人在老师的带领下，进行艺术体操表演，供万某拍照。1996年10月，万某将所拍照片转让给某美术广告公司，选中10幅，又承揽若干厂商的广告，印制1997年《美的艺术》广告挂历共7000本。广告公司和万某分别获得利润和稿酬8000元和4500元。在本案中，虽然彭某、江某等7人同意万某为其拍照，但万某只能将该照片在法律规定的合理使用范围内使用，万某未经肖像权人同意，将该照片用于营利目的，显然超出了合理使用的范围，所以就构成了对原告人肖像权的侵权，应当承担相应的法律责任，即赔礼道歉、赔偿损失等。

确定赔偿数额一般按照有偿使用肖像的费用标准计算。在司法实践中，有两个参照标准，一是以侵权所得利润作为标准，二是以被侵权人所受到的损失作为标准。

8. 照相馆将顾客的照片丢失，被他人用来制作广告，顾客应当如何追究责任？

汪某系女大学生，暑假期间，去某照相馆拍了5张艺术照，交费60元；约定三日后取照片。由于照相馆工作人员的疏忽，将一张照片放在某广告公司的取相袋中。又加洗了同样的一张照片给了汪某。该广告公司看到汪某的照片效果很好，于是将其用于其制作的房地产广告中，汪某发现后，向法院提起诉讼。

在本案中，照相馆由于自己的疏忽造成汪某的照片丢失，予以补发，是依合同而发生的责任，是理所当然的。由于其疏忽，致使汪某的照片被广告公司用于营利活动，二者的行为构成一个共同的侵害肖像权的行为，照相馆应当承担连带责任。因此，汪某可以以二者作为共同被告向法院提起诉讼。

9. 未经同意以营利为目的使用演员剧照是否构成侵犯肖像权？

对于使用演员剧照而引起的肖像权纠纷为数不少，早些年，有著名演员游本昌"济公"剧照被营利性使用而发生的纠纷；后有著名演员蓝天野因在《茶馆》中的剧照被天伦王朝饭店使用而引起的肖像权纠纷。对于演员剧照的肖像权是否受法律保护，司法界和理论界存在不少争议。

在国外，也曾出现过因使用演员剧照而引起的肖像权纠纷。如上世纪60年代初，美国审理著名卢戈西诉讼案的首席法官曾说："演员扮演虚构人物的肖像是可以受到法律保护的。"该案案情是：著名影星贝拉·卢戈西曾在一部电影中扮演了一个伯爵，这一伯爵形象被他塑造的生动传神，广为流传。他死后，这一形象被当时流行的T恤衫、广告牌等广泛使用。为此，卢戈西的儿子与遗孀诉至法院并打赢了这场官司。

一般来说，对于演员剧照，由于剧照本身的角色和演员本身的特征相一致，该艺术形象与演员本身形象密不可分，该剧照符合公民肖像独特外表及基本特征，凭剧照他人可以认出演员的真实身份，所以，演员对剧照主张肖像权，法律应予以支持。如果他人未经肖像权人同意而以营利为目的使用演员剧照，应当承担侵犯肖像权的责任。当然剧照还涉及版权问题，如果剧照版权所有人（如电影公司）将剧照用于该剧的宣传、介绍广告，则不存在侵犯肖像权问题。

对于某些特型演员，如扮演毛泽东、周恩来、孙中山、邓小平等有原型特定人物的演员，不应主张其剧照的肖像权。特型演员化装后由于和其要扮演的形象极其逼真才被称之为特型演员，该剧照反映的是被扮演人物肖像的独特特征，被扮演的特型人物的形象现实存在又广为人知，所以他人看到剧照首先想到的是被扮演的人物，而不是演员本身，所以特型演员对于其剧照不应主张肖像权。

第四节　名誉权与隐私权

1. 什么是名誉？

名誉，是指人们对公民和法人的社会评价。包括对其品质、能力、声望等的综合评价。名誉具有社会性，它是由其所作所为而受到社会公众依社会观点对其做出的评价。名誉具有客观性，它不随名誉主体主观上认识的变化而变化。名誉具有特定性，因名誉是社会对某一特定对象所做的评价。名誉具有时间性，随着时间推移，名誉可能因为主体的行为改变而导致评价变化；也可能是行为依旧，但是因社会对特定行为的评价标准变化而导致名誉发生变化。

2. 什么是名誉权？

名誉权，是指公民或者法人对自己在社会生活中所获得的社会评价依法所享有的不可侵犯的权利。

3. 名誉权和隐私权有什么区别？

我国《民法通则》没有明确规定隐私权。最高人民法院《关于贯彻执行〈中华人民共和国民法通则〉若干问题的意见（修改稿）》第一百六十条指出："以书面、口头等形式宣扬他人的隐私，或者捏造事实公然丑化他人人格，以及用侮辱、诽谤等方式损害他人名誉，造成一定影响的，应当认定为侵害公民名誉权的行为。"可见，最高人民法院只是规定了对侵害名誉权的行为如何处理，并没有提供全面的对隐私权进行保护的措施。

名誉权其实和隐私权是两种不同的民事权利，二者之间的区别主要在于：

（1）权利主体不同。名誉权无论是公民还是法人或其他组织均可享有，而隐私权只有公民才能享有。

（2）客体不同。名誉权的客体是民事主体就其能力、品质、信用等获得的社会评价，而隐私权的客体是当事人不愿让外人知道的自己的秘密。

（3）内容不同。名誉权的内容就是确定自己的名誉不因他人的非法行为而降低，隐私权的内容是保持内心秘密不让外人知道。

（4）侵权方式不同。侵害名誉权的方式是侮辱与诽谤，侵害隐私权的方式是窃取、偷看、传播等。

（5）侵害的内容不同。侵害名誉权的行为人散布的内容可能是虚假的，也可能是真实的，侵害隐私权的行为人散布的内容只能是真实的。

（6）责任方式不同。侵害名誉权的责任方式有停止侵害、消除影响、恢复名誉、赔礼道歉等方式，侵害隐私权的责任方式只有停止侵害、赔礼道歉、赔偿损失三种。

4. 向司法机关或有关部门进行检举、揭发、控告、申诉的行为出现情况失实，是否构成侵害名誉权？

在一般情况下，公民依法向有关部门检举、控告他人的违法违纪行为，他人以检举、控告侵害其名誉权向人民法院提起诉讼的，即使检举、控告的事实失实，也不构成侵权，人民法院不予受理。如果借检举、控告之名侮辱、诽谤他人，在毫无证据的情况下，主观臆断或者出于报复、诬陷他人的目的，故意捏造事实错告他人，造成被告发人名誉权损害的，当事人以其名誉权受到侵害向人民法院提起诉讼的，人民法院应当受理。构成名誉权侵害，行为人主观上必须具故意构成要件；根据道听途说的材料，过失地对他人进行告发行为，一般不以侵害名誉权论处。在被告发人提起名誉权纠纷的诉讼后，应当由被告对所诬事实进行举证，如果被告证明原告确有所诬事实，则原告应当承担败诉的结果。如果被告证明不了原告确有所诬事实，那么，被告应当败诉，原告胜诉。

5. 小说等虚构的文学形式能否构成侵害名誉权？

小说是作家根据现实生活而虚构的文学作品，小说等虚构的文学形式能否构成侵权，在司法界和理论界都存在不少争议。

一般来说，小说是以虚构为其主要特征。它可以在现实生活的基础上进行艺术加工，创造出一系列具有鲜明特点的艺术形象。但是由于小说是以语言文字来表达其内容，因此作者就可能利用这种形式，用貌似虚构的情节对现实生活中的人进行诽谤、攻击，揭露他人隐私，从而导致读者在阅读作品时，将生活中的人物与小说中的人物对应，当这种对应落实后，读者就会将小说中的描写、情节附加到生活中相对应的人物身上，现实生活中相对应的人的名誉就有可能受到损害。司法实践中也判处过几起小说侵权案件，如《荷花女》侵害名誉权案等，这也证明了小说侵害名誉权的可能性。

如果小说内容属实，作者主观上没有故意侵犯他人名誉权的目的，即使客观造成某公民的社会评价降低，也不能判定小说侵权。

6. 纪实性文学构成名誉侵权需要具备哪些要件？

纪实性文学构成名誉侵权的案件经常发生，比如报告文学《在那遥远的地方》侵犯王洛宾名誉权纠纷一案，由于作者在客观依据不充分的情况下认定王洛宾有私生女，涉及王洛宾的个人生活且严重失实，损害了王洛宾及亲属的名誉，构成侵权。纪实性文学作品，要求必须真实。纪实性文学作品构成名誉侵权和其他名誉侵权案件一样，构成要件包括：有违法行为存在，即作品内容严重失实，侵害他人名誉，并加以传播；造成他人名誉受损的后果；违法行为和侵害后果之间具有因果关系；主观上存在过错。

7. 传播真实的消息，但侵害了他人名誉的行为是否构成侵权？

新闻报道工作者必须具备客观、公正、严谨的工作作风，如果新闻报道等文字作品内容真实，但是作者具有贬损他人名誉的故意，并且使用了侮辱性的语言，则仍然构成对他人名誉权的侵害。以"内容真实"为抗辩事由，必须是小说中没有侮辱受害人的其他内容或者受害人同意作者所用的措辞。否则，仍然可以构成名誉侵权。

8. 如何对死者的名誉权进行保护？

死者的名誉权受到侵害，首先应当确定谁可以提起诉讼。实践中，如果死者有近亲属的，如配偶、父母、子女、兄弟姐妹、祖父母、外祖父母、孙子女、外孙子女尚存的，由近亲属作为原告；无近亲属的，死者的其他亲属、朋友、所在单位愿意作为原告起诉的，也应当允许。如果侵害死者的名誉权涉及社会公共利益的，如有关历史人物的名誉，也可由检察机关提起诉讼。

对于死者名誉权的保护期限司法界目前尚未形成统一意见。

9. 侵害他人名誉权应负什么民事责任？

根据《民法通则》第一百二十条的规定，当公民、法人的名誉权受到侵害时，受害人有权要求停止侵害、恢复名誉、消除影响、赔礼道歉。人民法院据此可以责令侵权人停止侵害、恢复名誉、消除影响、赔礼道歉、赔偿损失。

恢复名誉、消除影响、赔礼道歉可以书面或口头的方式进行，内容须事先经人民法院审查。

恢复名誉、消除影响的范围，一般应与侵权所造成不良影响的范围相当。

公民、法人因名誉权受到侵害要求赔偿的，侵权人应赔偿其侵权行为所造成的经济损失；公民一并提出精神损害赔偿要求的，人民法院可根据侵权人的过错程度、侵权行为的具体情节、给受害人造成精神损害的后果等情况酌定。

10. 如何界定侮辱罪、诽谤罪与一般名誉侵权行为？

《刑法》第二百四十六条将侮辱罪、诽谤罪这两种犯罪行为规定在一个条文中。侮辱罪是指使用暴力或其他方法，公然贬低他人人格、破坏他人名誉，情节严重的行为。诽谤罪是指捏造并散布某种虚构的事实，足以损害他人人格，破坏他人名誉的情节严重的行为。侮辱罪、诽谤罪和一般名誉侵权行为的区别在于：

（1）行为的危害程度不同。构成侮辱罪、诽谤罪的行为必须是情节严重的；民事侵权中的侮辱、诽谤行为，只要对他人的名誉、人格造成一定程度的贬损就可以成立。

（2）行为的对象不同。侮辱罪、诽谤罪的对象只能是自然人，而民事侵权中的侮辱、诽谤行为的对象既可以是自然人，也可以是法人或其他组织。

（3）主观过错要求不同。侮辱罪、诽谤罪在主观方面只能由直接故意构成，而民事侵权中的侮辱、诽谤行为，主观上可以由故意构成，也可以由过失构成。

11. 哪些行为构成侵害隐私权？

构成侵害隐私权的形态一般有以下几种：

（1）监视。即非法对他人的行踪、住宅、居所等进行监听、监视，侵害他人的隐私权。例如，在他人居住的房间内安装监控器等。

（2）偷窥、私自拆开他人信件或他人日记。

(3) 私闯民宅。即非法侵入他人住宅，以搜查其住宅，或以其他方式破坏他人的居住安宁。

(4) 公开披露或宣扬他人的隐私。包括擅自披露或宣扬他人的疾病史、生理缺陷、婚恋生活等私密。宣扬有口头、书面以及各种现代通信技术等方式。

12. 公布中奖者的个人资料算侵权吗？

某年春节，某商场公开发行彩票，宋某有幸中了特等奖，应获奖金5万元。领奖时，发行者提出必须公布中奖者的姓名，并鸣放鞭炮在大街上游行一圈方能兑奖。宋某因家庭经济不宽裕，担心如此引来众多祝贺者，遂以发行者在其宣传品中无此约定为由表示拒绝。几次交涉之后，发行者给宋某兑了奖，但他们私下打听到宋某的姓名和工作单位，擅自在广播中宣扬，亲戚、朋友、熟人、同事知晓后，纷纷前去祝贺，使宋某被迫在某宾馆摆了几十桌酒席，花费了数千元。

该案涉及侵害隐私权的问题。隐私是指公民生活中隐秘的，不想为外人知道的信息。根据《民法通则》及相关法律的规定，公民享有保护自己的隐私不被外人知晓的权利。在隐私被侵害时，有提起诉讼寻求司法救济的权利。而侵害他人隐私者，则须承担相应的责任。

在本案中，宋某参加彩票抽奖，与彩票发行者之间便形成了一种合同关系。抽奖时，彩票发行者没有提出中奖者必须披露姓名、工作单位的声明；中奖后，宋某又拒绝了彩票发行者要求公布姓名、工作单位的要求。因此，宋某购买彩票中奖的情况系个人的生活秘密，属于自己的隐私，未经本人同意，任何人、任何组织不得传播、宣传，否则将构成侵权。因而，彩票发行者擅自公布宋某中奖的情况，侵害了他的隐私权，应当承担相应的责任。

第三章 财产继承及财产纠纷

财产继承是指财产所有人死亡或宣告死亡之时起，按照法律的规定将死者遗留下来的财产转移给他人所有的一种法律制度。遗留财产的死者为被继承人，被继承人死亡时遗留的个人合法财产和财产权利称为遗产。继承人是指依照法律规定有权继承遗产的人。继承人依法取得遗产的权利称为继承权。

财产继承制度是我国《民法》的一个重要制度。《继承法》是我国重要的民事单行法，属于《民法》的组成部分，它是调整这种财产继承关系的法律规范的总和。

第一节 财产所有权

1. 什么是财产所有权？

财产所有权是公民和法人最普遍、也是最重要的一项民事权利。

有关财产所有权的概念，《民法通则》第七十一条已做出明确规定："财产所有权是指所有人依法对自己的财产享有占有、使用、收益和处分的权利。"这是从所有权内容的表现上对其所做的概述。

2. 什么是财产所有权的取得？

财产所有权的取得，是指依法获取财产所有权的法律事实。如当事人通过劳动、买卖、受赠等行为取得财产所有权，或者因被继承人死亡、时间的推移等事件的发生而取得财产所有权。《民法通则》第七十二条第一款规定："财产所有权的取得，不得违反法律的规定。"换言之，违反法律所取得的财产所有权，不为《民法》所承认；而对合法取得的财产所有权，一律予以承认和保护。

3. 什么是共有财产？

财产所有权的显著特征之一，表现为"一物不能二主"，即一物之上不能同时存在两个以上互相矛盾的所有权。但一项所有权可以为多人所享有，这种现象就是财产共有。所谓财产共有是指两个以上公民或法人对同一项财产所享有的所有权。现实生活中财产共有现象普遍存在，如经济领域里的个人合伙、法人联营的财产，公民生活领域里的夫妻财产、分家析产前的家庭财产等，都属于共有财产的性质。

4. 共有财产怎样分割？

（1）共有财产的分割原则：

①分割共有财产应遵守法律的规定，不能把属于国家、集体的财产，以及隐匿的赃款、赃物当成共有财产分割。分割房屋要依法办理过户登记手续。

②分割共有财产应充分贯彻平等协商、和睦团结的精神。各共有人对共有财产的分割范围、期限、方式以及分配方法等，都可通过协商决定。共同共有关系终止时，共有人对共有财产的分割没有达成协议的，应当根据等分原则处理，并且考虑共有人对共有财产的贡献大小，适当照顾共有人生产、生活的实际需要等情况。在按份共有中，按份共有人就共有财产的分割不能取得一致意见的，可以由多数共有人和持有半数以上份额的共有人决定。

③分割共有财产，应遵守合同的规定，如果共有人之间事先订立合同，明确规定了共有财产的分割方式，则各共有人应依合同的规定分割共有财产。

（2）共有财产的分割方法：对共有财产的分割可以根据当事人的要求及财产的性质，以下述三种方式分割：

①以实质分割方式分割共有财产。对于共有财产的分割，在不影响共有财产的使用价值和特定用途时，可对共有财产采取实物分割的方式，可以进行实物分割的共有物一般是可分物，例如金钱、粮食、布匹等。

②以变价分割方式分割共有财产。对于共有财产如果不能分割或分割有损其价值，而且各共有人都不愿接受共有物时，可以将共有物出卖，所

得由各共有人共分。

③以作价补偿的方法分割共有财产。对于不可分割的共有物，例如一辆汽车、一头耕牛等，共有人中的一人愿意取得共有物的，可以由该共有人取得该共有物。对于共有物的价值超出其应得份额的部分，取得共有物的共有人应对其他共有人作金钱补偿。

第二节 财产继承及其法律关系

1. 什么是财产继承？

财产继承是指财产所有人死亡或宣告死亡之时起，按照法律的规定将死者遗留下来的财产转移给他人所有的一种法律制度。遗留财产的死者为被继承人，被继承人死亡时遗留的个人合法财产和财产权利称为遗产。继承人是指依照法律规定有权继承遗产的人。继承人依法取得遗产的权利称为继承权。

财产继承制度是我国《民法》的一个重要制度。《继承法》是我国重要的民事单行法，属于《民法》的组成部分，它是调整这种财产继承关系的法律规范的总和。

2. 什么是财产继承权？

继承权，又称财产继承权。继承权是指继承人依法承受被继承人所遗留的个人合法财产的权利。在我国，继承权的主体只能是公民（自然人）。法人、国家或其他社会组织，可以成为受遗赠权的主体，可以作为受遗赠人接受被继承人的遗产，但它不是以继承人继承死者遗产的身份出现的，因而不是继承权的主体。继承权的客体是被继承人（死者）的遗产，包括死者遗留下来的财产权利，这些财产和财产权利（债权）在被继承人生前是属于被继承人个人所有的合法的财产和财产权利。

继承权发生的根据是法律的直接规定或者是合法有效的遗嘱。在法定继承的情况下，什么人可以作为法定继承人，是否可以继承遗产，都是根据法律的直接规定；在遗嘱继承的情况下，什么人可以作为遗嘱继承人而享有遗产继承权，是根据遗嘱人在合法有效的遗嘱中做出的意思表示。

3. 什么是继承法律关系？

继承法律关系是指由《继承法》所调整的社会关系，即指由于财产所有人死亡，而在继承人、受遗赠人、继承参与人和他们相互之间以及他们与集体组织、其他公民之间所发生的权利义务。

继承法律关系可以分为：法定继承法律关系和遗嘱继承法律关系。法定继承法律关系是指发生在法定继承人之间、法定继承人与继承参与人之间和他们相互之间的权利义务关系。遗嘱继承法律关系是指发生在遗嘱继承人之间、受遗赠人之间、继承参与人之间以及他们相互之间的权利义务关系。在一个继承法律关系中，有时是一种继承法律关系，有时不是一种继承法律关系，而是包括法定继承法律关系和遗嘱继承法律关系。当同时存在两种法律关系时，应先解决遗嘱继承法律关系，后解决法定继承法律关系。

4. 什么是代位继承和转继承？

被继承人的子女先于继承人死亡的，由被继承人死亡子女的晚辈直系血亲取代其地位而继承被继承人的遗产的制度叫代位继承。根据《继承法》，继承从被继承人死亡时开始，但如果继承已经开始，继承人已取得了实际继承遗产的权利，却在遗产分割前死亡，他的这份应得的遗产应由其法定继承人或遗嘱继承人继承，这种继承便叫转继承。

5. 事实婚姻的男女双方有没有继承权？

事实婚姻，是指没有配偶的男女，未办结婚登记手续，即以夫妻名义同居生活，群众也认为是夫妻的婚姻。由于事实婚姻不具有结婚的形式要件，因此，事实婚姻属于违法婚姻。根据最高人民法院《关于人民法院审理未办结婚登记而以夫妻名义同居生活案件的若干意见》第十三条规定："同居生活期间一方死亡，另一方要求继承遗产，如认定为事实婚姻关系的，可以配偶身份按《继承法》的有关规定处理；如认定为非法同居关系，而又符合《继承法》第十四条规定的，可根据相互扶助的具体情况处理。"可见，事实婚姻的当事人可以依法享有配偶继承权。

6. 堂兄弟、表兄弟姐妹之间有没有继承权？

堂兄弟姐妹，是伯、叔的子女；表兄弟姐妹，是姑、舅、姨的子女。

堂兄弟姐妹、表兄弟姐妹，是第三代旁系血亲，没有法定的权利和义务，一般没有一起生活，也未形成事实上的抚养关系。所以，《继承法》没有赋予他们相互继承遗产的权利。

7. 继兄弟姐妹之间有没有继承权？

《继承法》第十条规定，兄弟姐妹是第二顺序法定继承人。这一规定适用于有抚养关系的继兄弟姐妹。因此，只有抚养关系的继兄弟姐妹之间才互有继承权。继兄弟姐妹之间的抚养关系，不仅取决于他们与继父或继母之间是否形成了抚养关系，而且还取决于继兄弟姐妹之间是否形成了抚养关系。如果继兄弟姐妹仅与继父或继母有抚养关系，而彼此之间没有抚养关系，则他们只能与继父或继母互有继承权，而继兄弟姐妹之间则没有相互继承权。

8. 素无来往或关系恶劣的兄弟姐妹之间有没有继承权？

现实生活中，有的兄弟姐妹之间，关系显得冷漠，互相少来少往，或根本素无往来，也有的兄弟姐妹关系恶劣，视如仇人。出现这些情况，原因是多种多样的。情况虽然如此，但兄弟姐妹间毕竟是自然第二代旁系血亲属，或者是拟制血亲属。若属自然血亲和养亲，他们相互间有法定的权利和义务，因而互有继承权。我国《继承法》第十条还规定他们互为第二顺序法定继承人。若是继兄弟姐妹，互相之间素无来往或关系恶劣、视如仇人，就表明他们之间没有抚养关系，也就不存在继承权的问题。

9. 被继承人的侄子女、外甥子女有没有继承权？

《继承法》确定法定继承人的依据主要是看血缘关系和经济上的抚养关系，侄子女、外甥子女与被继承人不具有血缘关系，一般不在一起生活，也无经济的抚养关系，法律上也没有权利和义务，所以《继承法》最终没有把侄子女、外甥子女列入法定继承人的顺序，他们不是被继承人的法定继承人，不享有继承权。

10. 正办理离婚的男女双方有互相继承权吗？

对于已经脱离了夫妻关系的人，不能称之为配偶。因此，在被继承人死亡以前已经脱离了婚姻关系的，由于夫妻关系已经解除，当一方死亡时，另一方则不能以配偶的身份继承被继承人的遗产，即没有继承权。如一方向法院提出离婚要求,尚未做出离婚判决,或者法院虽已判决双方离婚,但该判决还未过上诉期,或者法院虽已判决双方离婚,一方提出上诉等原因,尚未发生法律效力,双方仍然存在夫妻关系。在这种情形下,如果一方死亡,对方仍有权以配偶身份要求继承死者的遗产。

11. 非婚生子女有继承权吗?

非婚生子女是指没有婚姻关系的男女所生的子女。《婚姻法》规定,非婚生子女享有与婚生子女同等的权利,任何人不得加以危害和歧视。《继承法》规定,不论是婚生子女,还是非婚生子女,都享有同等的继承权。

12. 养子女有继承权吗?

养子女是指被收养的子女。收养是领养他人子女为自己子女的一种法律行为。收养他人子女为自己子女的人,称为养父或养母;被他人收养的人,称为养子或养女。收养关系一经成立,养父母与养子女间产生拟制血亲关系,并确立了养子女与养父母之间的权利义务关系。根据我国《婚姻法》和《收养法》的规定,养父母与养子女间的权利义务关系,适用法律关于父母子女关系的规定,即与生父母和生子女间的权利义务关系相同。因此,养子女与生子女享有同等继承权,都属于法定继承人的范围。

13. 丧偶儿媳和丧偶女婿能继承公婆或岳父母的遗产吗?

父母对于儿子的妻子称为儿媳,妻子对于丈夫的父、母称为公、婆。父母对于女儿的丈夫称为女婿,丈夫对于妻子的父母称为岳父母。丧偶儿媳与公婆、丧偶女婿与岳父母之间本无血缘关系,没有继承权。但《继承法》规定,丧偶儿媳对公婆、丧偶女婿对岳父母,尽了主要赡养义务的,为第一顺序的法定继承人,与被继承人的配偶、子女、父母共同继承死者的遗产,具有平等的继承权。在司法实践中,如何认定丧偶儿媳和丧偶女婿是否尽了主要赡养义务,一般可从以下三个方面综合予以考虑:

一是在经济上是否给予必要的生活费。对于没有生活来源或生活来源不足以维持基本生活条件的公婆或岳父母来说,给予其必要的生活费用、医疗费等经济上的帮助是十分重要的。

二是在生活上是否予以照料。对于年老、体弱、残疾者,尤其是不能独立生活的老人来说,提供劳务上的帮助,如买菜、做饭、洗衣、有病进行护理等也是十分重要的。

三是赡养老人的长期性、经常性。不论是经济上的供养，还是生活上的照料，必须是经常的，长期的。偶尔的看望几次行为，只能看作是对老人有过帮助，不能视为尽了主要赡养义务。

丧偶儿媳和丧偶女婿尽了主要赡养义务的，仅限于丧偶儿媳对公婆、丧偶女婿对岳父母的继承权。依据《继承法》的规定，如果丧偶儿媳、丧偶女婿只尽了一般的赡养义务，则不发生继承权，但可以适用《继承法》第十四条的规定，分给其适当的遗产。

14. 未出生的胎儿能继承遗产吗？

胎儿，是指怀孕时起至出生前在母体内的幼体。我国《继承法》中关于胎儿继承权的规定，即胎儿是特殊的民事权利主体，以出生时活着为条件，出生时活着的，享有继承权，出生时是死体的，则没有继承权。

另外，根据《继承法》第十四条的规定，以下两种人不属法定继承人的范围：一是继承人以外的依靠被继承人扶养的缺乏劳动能力又没有生活来源的人；二是继承人以外的对被继承人扶养较多的人。二者虽然与死者生前有经济依靠关系，或对死者尽了较多的扶养义务，但却不是法定继承人，他们均无继承权。但在财产继承中，可以分给他们适当的遗产，以体现权利义务相一致原则。

15. 法律规定的继承人的顺序是怎样的？

法定继承人的顺序，是指在法定继承中继承人继承遗产的先后次序。换言之，继承开始后，法定继承人并不都同时继承被继承人的遗产，而是根据先后顺序，依次继承。对于法定继承人的继承顺序，《继承法》第十条和第十二条中有明确的规定：

第一顺序是：配偶、子女、父母，此外还有对公婆尽了主要赡养义务的丧偶儿媳，对岳父母尽了主要赡养义务的丧偶女婿。

第二顺序是：兄弟姐妹、祖父母、外祖父母。

我国的财产继承，只有两个继承顺序。被继承人死后，先由第一顺序的继承人或代位继承人继承遗产，即在有第一顺序继承人或代位继承人的情况下，第二顺序的继承人无权继承。只有在没有第一顺序继承人、代位继承人，或第一顺序继承人、代位继承人全部放弃继承权、丧失继承权时，由第二顺序继承人继承。

在处理财产继承中，需要掌握以下五点：

第一，在同一顺序的法定继承人中，各继承人的法律地位平等，不论是男女老幼，也不论有无血亲关系应同时继承，即在同一顺序法定继承人中，不存在谁先继承、谁后继承的问题。

第二，代位继承人作为第一顺序继承人继承时，如代位继承人为两人以上时，只能共同代位继承其父或母有权继承的那一份额。

第三，夫妻一方死亡后，另一方不管是再婚或再嫁，有权处分所继承的财产，任何人不得干涉。

第四，在子女中，不论是亲生子女、养子女还是有扶养关系的继子女，也不论其是已婚、未婚、初婚、再婚、婚生和非婚生，他们的继承顺序和地位不受任何影响。

第五，父母之间的离婚或再婚，对于其与子女间的继承顺序不发生任何影响。

16. 什么是转继承？

转继承，是指被继承人死亡后，继承人在尚未实际分得遗产或接受遗产之前死亡，其应继承份额转归他的继承人继承的法律制度。实际接受遗产的死亡继承人的继承人称为转继承人。转继承，又称之为第二次继承、再继承、连续继承。

我国《继承法》对转继承未做出明文规定，最高人民法院《关于贯彻执行〈中华人民共和国继承法〉若干问题的意见》第五十二条却对转继承做了规定。该条规定："继承开始后，继承人没有表示放弃继承，并于遗产分割前死亡的，其继承遗产的权利转移给他的合法继承人。"可以看出，转继承存在两个继承过程：一是继承开始后，死亡继承人虽尚未实际分得遗产或接受遗产，但已取得继承遗产的权利；二是继承开始后，死亡继承人所应继承的遗产份额的权利，转移给他的继承人继承。转继承的发生应具备的两个条件：

其一，继承人必须在被继承人死亡以后，遗产分割前死亡。这就是说，继承人必须在继承开始后，遗产分割前死亡，才会发生转继承。

其二，继承人必须是没有放弃或者丧失继承权。继承人即使在继承开始后死亡，只要其放弃或丧失继承权，就不会发生转继承。

17. 提起继承诉讼有时间限制吗？

根据《继承法》第八条规定："继承权纠纷提起诉讼的期限为二年，

自继承人知道或者应当知道其权利被侵犯之日起计算。但是，自继承开始之日起超过二十年的，不得再提起诉讼。"也就是说，从被继承人死亡之日起，在二十年之内，有继承权的人可以请求人民法院强制义务人履行义务；二十年期满，继承人便丧失了这一权利，不能向法院起诉。在这二十年之内，如果继承人已经知道或者应当知道，自己的继承权受到侵犯，从这时起二年内，有权请求人民法院强制义务人履行义务；二年期满，被侵犯继承权利的人便丧失了这一权利，不能再向人民法院起诉。

但是，有两点需要说明：

（1）提起继承诉讼如果超过时间限制，虽然人民法院不再受理此案，不依法保护继承人的继承权利，但这并不是说继承人就不应该继承遗产，不能通过法院解决，还可以通过互相协商等别的方法解决。

（2）继承诉讼时效可以中止或中断。根据最高人民法院《关于贯彻执行〈中华人民共和国继承法〉若干问题的意见》第十六、十七条的规定，继承人在知道自己的权利受到侵犯之日起的二年之内，其遗产继承权纠纷确在人民调解委员会进行调解期间，可按中止诉讼时效处理。在这种情况下，超过二年，仍可向人民法院起诉。如果继承人因遗产继承纠纷已在诉讼期限内向人民法院起诉，诉讼时效即为中断。法院在审理期间，即使超过诉讼期限，也与继承人无关。

第三节 遗嘱继承常识及纠纷处理

1. 什么是遗嘱继承？

遗嘱继承，是指继承人按照被继承人生前所立的合法有效的遗嘱，继承被继承人遗产的一种法律制度，它与法定继承是相对应的一种继承方式。在遗嘱继承中，立遗嘱的人为遗嘱人，遗嘱中指定的继承遗产的人为遗嘱继承人。遗嘱继承的遗产继承人，由于遗产继承数额都是由被继承人在遗嘱中所指定的，因此，遗嘱继承又称为"指定继承"。

在遗嘱继承中，继承人及其继承顺序和遗产继承份额，都是由遗嘱人依其意志所立的遗嘱确定的。在法定继承中，继承人的范围、继承顺序和应继承份额等则是由法律直接规定的。此外，遗嘱继承必须由两个法律事实的结合，即被继承人死亡和被继承人立有合法的遗嘱，才能发生。否则，就不能引起遗嘱继承的发生。而法定继承只要是被继承人死亡，即可发生。

2. 在我国，遗嘱继承的适用是怎样规定的？

遗嘱继承和法定继承是《继承法》所规定的两种不同的继承方式，继承开始后，是适用遗嘱继承还是适用法定继承，这主要取决于被继承人是否有遗嘱。如被继承人立有合法的遗嘱，就适用遗嘱继承；没有立下遗嘱的，则适用法定继承。依我国《继承法》第二十七条的规定，有下列情况之一的，遗产中的有关部分按照法定继承办理：

(1) 遗嘱继承人放弃继承或者受遗赠人放弃受遗赠的；
(2) 遗嘱继承人丧失继承权的；
(3) 遗嘱继承人、受遗赠人先于遗嘱人死亡的；
(4) 遗嘱无效部分所涉及的遗产；
(5) 遗嘱未处分的遗产。

3. 我国对遗嘱继承人的范围是怎样规定的？

遗嘱继承人的范围与法定继承人的范围相同，包括配偶、子女、父母、兄弟姐妹、祖父母、外祖父母以及孙子女和外孙子女、对公婆或岳父母尽了主要赡养义务的丧偶儿媳和丧偶女婿。

遗嘱人在遗嘱中指定上述法定继承人中的某人或某几个人继承，其他法定继承人继承遗产的权利即被取消。遗嘱继承人继承遗产时，不受法定继承顺序的限制，只要是立遗嘱人遗嘱中指定的继承人，则不分先后而直接取得遗产。遗嘱继承人先于遗嘱人死亡的，不适用代位继承的规定，这部分遗产应按照法定继承方式由法定继承人继承。遗嘱继承人按遗嘱继承遗产后，只要还存在遗嘱未处分的财产或遗嘱无效部分涉及的遗产，而遗嘱继承人又属于第一顺序的继承人，还可以作为法定继承人同其他法定继承人一起继承。遗嘱继承人若是属于第二顺序的继承人而又有第一顺序的继承人时，遗嘱继承人则不得继承。

4. 什么样的遗嘱是无效遗嘱？

遗嘱是遗嘱人按照法律规定的方式处分个人财产的一种法律行为，只有意思表示真实，才能达到遗嘱人自由处分其财产的目的，才能达到和贯彻意思自治的原则。根据《继承法》的规定，遗嘱必须表示遗嘱人的真实意思。受胁迫、欺骗所立的遗嘱无效；伪造的遗嘱无效；遗嘱被篡改的，篡改的内容无效。

受胁迫所立的遗嘱，是指受到他人要挟或强迫，致使遗嘱人产生恐惧心理或屈服于压力而违心设立的遗嘱。欺骗所立的遗嘱，是指遗嘱人在他人告知虚假事实而有意隐瞒真实情况下，产生错误的认识而做出的意思表示。

伪造的遗嘱，是指遗嘱人未立遗嘱而由他人炮制的遗嘱。篡改的遗嘱，是指遗嘱人所立的遗嘱内容被他人变更或修改。这类遗嘱，均违反了遗嘱人的真实意思，侵害了遗嘱人和继承人的权益，这样的遗嘱应认定其全部无效或部分无效。

5. 我国法律对遗嘱的内容是怎样规定的？

遗嘱内容必须合法，是指遗嘱内容不得违反法律、社会公共利益和社会主义道德准则；不得剥夺和取消应当对缺乏劳动能力又没有生活来源的继承人保留必要的遗产份额。违反法律以及社会公共利益和社会主义道德准则的遗嘱无效。遗嘱未保留缺乏劳动能力又没有生活来源的继承人应继承份额，其遗嘱部分无效。在遗嘱部分无效的情况下，遗产处理时，应当为缺乏劳动能力又没有生活来源的继承人保留必要的遗产份额，剩余的遗产部分，按遗嘱的内容处理。

衡量遗嘱内容是否合法，应以遗嘱生效时为准。遗嘱的内容在立遗嘱时是合法的，但遗嘱生效时内容是违法的，应认定遗嘱内容违法。反之，遗嘱的内容在立遗嘱时是违法的，但遗嘱生效时内容是合法的，则应认定遗嘱内容是合法的。

6. 遗嘱有哪些形式？

遗嘱的形式是遗嘱人以处分自己的财产为内容的意思表示的方式。立遗嘱是要式法律行为，公民应当按照法律规定的方式设立遗嘱。否则，法律不予保护。根据《继承法》第十七条的规定，设立遗嘱有以下五种形式：

（1）公证遗嘱。公证遗嘱是经过国家公证机关公证的遗嘱。按照有关规定，公民办理公证遗嘱，必须由遗嘱人本人亲自申请办理，不能委托他人代理，并应携带自己的居民身份证、户口本或工作证到其户籍所在地或主要财产所在地的公证处办理。如果遗嘱人确有困难不能亲自去公证处的，公证员可以到遗嘱人所在地办理公证事务。

办理公证遗嘱，遗嘱人必须在公证员面前书写遗嘱内容，并应在遗嘱书上签名和盖章、注明日期。如果遗嘱人无书写能力，或由于其他原因不能亲笔书写遗嘱的，可以向公证员当面口述内容做出笔录后，公证员向遗嘱人宣读；遗嘱人如认为记录有错误，公证员应当立即改正，并应重新向遗嘱人宣读；经遗嘱人确认没有错误的，记录人和遗嘱人要在记录上签名、盖章；遗嘱人不能签名、盖章的，可用按手印代替。

公证机关必须对遗嘱内容的真实性和合法性予以审查。经审查确认后，应办理"遗嘱证明书"，证明其遗嘱确系遗嘱人所立并已在公证员面前亲自签名、盖章。然后，公证员要签名、盖章并书写证明日期。最后要盖上该公证处的公章。至此，公证遗嘱订立完毕。公证遗嘱书一式两份，分别由公证机关和遗嘱人保存。遗嘱人也可委托公证机关代为保存。

居住在国外的我国公民要订立公证遗嘱，可以到我国驻外国大使馆、领事馆办理遗嘱公证。

（2）自书遗嘱。自书遗嘱又叫亲笔遗嘱，是指遗嘱人亲笔书写的遗嘱形式。只要遗嘱人有文字书写能力，可以依照法律的规定随时随地行使遗嘱权。自书遗嘱的要件是，由本人书写遗嘱全文，并签名，注明年、月、日。自书遗嘱必须出自遗嘱人亲笔、不得由他人代笔。凡采用打字机、铅印方法制作的遗嘱，因无法做文字检验，也难以保证未被人篡改、伪造、添加等等，故均不具有法律效力。自书遗嘱所用的材料不加限制，纸张、布类、皮革均可。自书遗嘱的工具，可以用钢笔、毛笔，也可以用圆珠笔，但不能用铅笔书写。自书遗嘱的文字，不论采用中文、外文或少数民族的语言文字均可，但不得用拼音符号、速记符号或其他符号书写。签名是遗嘱生效的决定性要件，如只有遗嘱人亲自书写的遗嘱内容，而无遗嘱人的签名，或签名不全，该遗嘱不受法律保护。在自书遗嘱中，为确保遗嘱内容的真实性，防止伪造遗嘱，不得以私人印章、手印或画押等方法代替签名。遗嘱人书写遗嘱完毕后，还必须注明立遗嘱的时间，即必须注明年、月、日。只注明年、月，而未写日期的遗嘱也不具有法律效力。年、月、日可用公历表示，也可用农历表示。自书遗嘱难免有笔误或修改，如有涂改、增删，应注明所涂改、增删之处及字数，并另行签名。

对于被继承人在日记中或给他人的书信中提及其死后财产处理打算的，因没有形成单独的遗嘱文书，或者难以证明是遗嘱人真实的意思，这种意思表示不应按自书遗嘱对待。被继承人虽将遗嘱写在信中，但其符合自书遗嘱要件的，应承认它的法律效力。

（3）代书遗嘱。代书遗嘱，又称代笔遗嘱，是指遗嘱人口述遗嘱内容，由他人代为书写的遗嘱。遗嘱人因不识字，或者文化低，或者由于其他原因不能亲笔书写遗嘱的，可以由他人代写遗嘱。代书遗嘱应当有两个以上无利害关系的见证人在场见证，并由其中一个代书。代书人根据遗嘱人的意思书写遗嘱全文。代书人将遗嘱全文写好后，应向遗嘱人宣读，遗嘱人同意后，要在代书遗嘱书上注明年、月、日，并由代书人、其他见证人和遗嘱人签名。如果遗嘱人不会写字，应以按指印代替签名，由代笔人在遗嘱人的指印前写上遗嘱人的姓名。如果没有代书人的签名或签名不全均不具有法律效力。

例如，吴怀忠夫妇因患病相继离世，留下房屋三间。父母离世不久，其三个子女就因争房产闹到了法院。儿子吴才手持一份遗嘱，上书："赠予人吴怀忠与被赠人吴才系父子关系。考虑到吴怀忠生前由吴才赡养，自愿将自己的房产全部赠予吴才，由吴才继承。"同时遗嘱写明，代书人为徐某。并有两个见证人。对此，其女儿吴红、吴丽不予承认，称遗嘱非其父手写，且没有签名，不能算数。承办本案法官注意到：吴才所出示的遗嘱落款只有一个"吴"字，没有书写人的全名。根据《继承法》的规定，代书遗嘱应当有两个以上见证人在场见证，由其中一个见证人代书，注明年、月、日，并由代书人及其他见证人和遗嘱人签字。本案中，本份遗嘱由于遗嘱人签名不全，且代书人没有注明为何遗嘱人不签全名。本份遗嘱不能反映吴怀忠的真实意思，属于无效遗嘱，故依法驳回原告吴才对三间房屋所有权的主张。判决三兄妹按法定各自份额继承遗产，每人分得房屋一间。

代书遗嘱的证据性差，容易给伪造遗嘱的人钻空子。因此，公民能够以公证、自书方式立遗嘱的，不宜采取代书的方式立遗嘱。

（4）录音遗嘱。录音遗嘱，是指遗嘱人亲自叙述遗嘱内容，由录音设备录下的遗嘱。录音遗嘱成立的要件是，必须由遗嘱人亲自口述，并须有两个以上见证人在场见证。否则，遗嘱不能成立。为了保障录音遗嘱的真实性，录音遗嘱制作完毕后，一定要将录音遗嘱的磁带封存，并在封面上由遗嘱人、见证人签名，注明年、月、日。然后，将密封的录音遗嘱由遗嘱人或交给见证人保管。继承开始后，录音遗嘱必须在制作遗嘱的见证人和继承人到场的情况下，当众启封。

（5）口头遗嘱。口头遗嘱又叫口授遗嘱，是指遗嘱人在危急情况下用口头表述的遗嘱。这里所指的"危急情况"是指遗嘱人生命垂危或者其他紧急情况,如严重自然灾害、意外事故等。在通常情况下,法律是不允许订立口头遗嘱的。只有遗嘱人处在生命垂危或者其他紧急情况下,来不及订立自书遗嘱、代书遗嘱、公证遗嘱、录音遗嘱时,才可以订立口头遗嘱。遗嘱人立口头遗嘱必须有两个以上见证人在场见证。遗嘱人应当着两个见证人的面,口述遗嘱的内容。通常应当由见证人中的一人做记录,注明遗嘱人立遗嘱时的年、月、日,并由记录人和其他见证人签名,制作书面证明。见证人所做的记录不要求向遗嘱人宣读,也不必问遗嘱人有无修改意见,亦不要求遗嘱人同时签名。如口头遗嘱的见证人都不识字,或不会书写的,则应当牢记口头遗嘱的内容和立遗嘱的时间,以作为口头证明。遗嘱人死亡后,其所立的口头遗嘱与其他形式的遗嘱具有同等的法律效力。但是,如果危急情况解除,遗嘱人能够采用其他方式订立遗嘱时,其所立的口头遗嘱便失去效力。

口头遗嘱的长处是简便易行,使遗嘱人在危急情况下所做的口头表示具有法律效力。但它容易被人篡改、伪造而失实,且难以查证。因此,除危急情况外,遗嘱人应尽量避免采取这种形式立遗嘱。

此外,现实中还有合立遗嘱的形式。合立遗嘱又称共同遗嘱,是指两个或两个以上的遗嘱人在同一遗嘱证书上合立的遗嘱。例如,夫妻二人在一份遗嘱书中各自指定对方为自己的遗产继承人,如果丈夫先于妻子去世,则丈夫的遗产全部由妻子继承;若妻子先于丈夫死亡,则妻子的全部遗产归丈夫继承。这种遗嘱就是夫妻合立的遗嘱。我国《继承法》没有规定共同遗嘱,但在民间却存在夫妻共同遗嘱,有的夫妻双方还到公证机关办理了夫妻共同遗嘱的公证。我国《婚姻法》规定了夫妻在婚姻关系存续期间所得的几种财产,归夫妻共同所有。夫妻对共同所有的财产享有共有权,共同使用,共同管理,共同处分。因此,夫妻双方共同订立遗嘱,与我国财产继承这一习惯做法是相适应的。夫妻共同遗嘱可以分为相互的夫妻共同遗嘱、共同为第三人的夫妻共同遗嘱和单纯的夫妻共同遗嘱。相互的夫妻共同遗嘱,是指夫妻双方相互指定对方为自己的继承人的遗嘱。即在同一遗嘱中丈夫指定妻子继承自己的财产,妻子指定丈夫继承自己的财产。共同财产为第三人的夫妻共同遗嘱,是指夫妻共同指定遗嘱继承人或者受遗赠人承受财产的遗嘱。应当指出的是,共同为第三人的夫妻共同遗嘱要在相互的夫妻共同遗嘱的基础上进行,不能直接指定第三人为遗嘱继承人或者受遗赠人。否则,夫妻一方死亡后,他的遗产是属于配偶还是属于第三人，因含混不清，难以执行。

7. 遗赠的种类有哪些？

在现实中，遗赠的形式是多样的，如单纯遗赠、特定遗赠等。实践中一般将遗赠分为两大类：

其一，概括遗赠与特定遗赠。概括遗赠，是指以遗产的全部或部分作为标的的遗赠。如王五将全部遗产遗赠给其生前所在单位。又如，某甲在遗嘱中规定将其财产的一半赠给其所在集体，另一半遗赠给其友某乙。概括遗赠的标的，既包括权利又包括义务，其受遗赠人不仅享有受领遗产的权利，而且还负有清偿债务、交纳税款的义务。特定遗赠，是指以某项特定的财产作为标的的遗赠。特定遗赠的标的不一定是特定物，也可以是种类物或者财产权利。如张某将其所有3间房屋作为遗嘱的标的遗赠给其友李某。特定遗赠往往是只包括财产权利，一般很少附有义务。

其二，单纯遗赠与附负担遗赠。单纯遗赠，是指不附任何义务或条件的遗赠。单纯遗赠仅给付受遗赠人以财产权利，而不附加义务和条件。如张三在遗嘱中规定将其所有的存款2万元遗赠李四，并不要求李四履行什么义务，也不需要等待其他条件成立，只要在张三死亡后，李四即可取得受赠的2万元。附负担遗赠，是指遗赠人就遗赠附某种义务或某种条件的遗赠。如李四在遗嘱中规定将其所有的一辆汽车遗赠给王五从事运输，但要求王五将其运输收入的一部分资助李四的儿子上学。

8. 立遗嘱后，能否变更或撤销？应怎样变更、撤销？

公民立遗嘱后，是可以更改的，由于主客观条件的变化，使得继承人或被继承人的情况发生改变，这时立遗嘱人便可根据实际情况做出相应的变更遗嘱的行为。例如遗嘱人在原来设立的遗嘱中对某一继承人少分了遗产，后来由于意外事故该继承人丧失了劳动能力，生活变得十分困难，这时遗嘱人就可考虑多分一些财产，也就需要变更原遗嘱；又如由于继承人与被继承人之间的思想感情发生了变化，也可能要修改遗嘱。

《继承法》明确规定了遗嘱的变更和撤销，它表明《继承法》对公民的个人财产所有权和最终意愿的充分尊重，但在变更和撤销遗嘱时应按法律的要求进行。

(1) 公民变更遗嘱的基本要求：公民变更遗嘱，只能由遗嘱人本人亲自进行，其他任何社会组织或者个人既无权对遗嘱人设立的遗嘱加以变更,也不能代理遗嘱人进行遗嘱变更。变更的遗嘱内容必须合法,遗嘱变更的每一事项无论涉及哪些内容,都必须与国家法律的要求相符合,否则变更的内容无效。变更遗嘱的方式也要求合法,一般来说,变更遗嘱的方式有两种:

第一,制作新遗嘱,用以改变原遗嘱内容,但自书、代书、录音、口头遗嘱不得变更公证遗嘱。

第二,提出变更原遗嘱的声明,但必须按原设立遗嘱的方式和程序进行。

(2)公民撤销遗嘱的基本要求:如果说遗嘱的变更只是遗嘱内容的部分修改,那么遗嘱的撤销就是通过合法的方式把原来所立的遗嘱的全部内容予以取消的行为。撤销遗嘱只能由遗嘱人本人在生前亲自进行,撤销遗嘱的方式要注意必须合法。一般来说,遗嘱的撤销既可用声明原遗嘱无效的方式,也可用立新遗嘱的方式撤销,但采用发表声明的方式撤销原遗嘱,必须遵照设立原遗嘱的程序进行。遗嘱人生前对遗嘱所涉及财产的实际处分视为原遗嘱被撤销或部分被撤销,例如遗嘱人立遗嘱把财产留给三个子女,但在生前将遗嘱所涉及的该项财产变卖了,这种生前处分财产的行为在法律上视为遗嘱的撤销。

根据《继承法》规定:遗嘱人立有数份遗嘱的,其内容相互抵触的,以最后所立的遗嘱为准。如果遗嘱人最后所立的遗嘱内容同原立数份遗嘱的内容相冲突,应视为最后所立的遗嘱撤销原来所立的全部遗嘱,但是自书、代书、录音、口头遗嘱不得撤销公证遗嘱。即便公证遗嘱不是立遗嘱人最后所立的遗嘱,公证遗嘱也具有最终的效力,它是立遗嘱人在法律上最后意志的反映。

9. 因继承遗产而提起的诉讼由哪个法院管辖?

根据《民事诉讼法》第三十四条第一款第(三)项规定,因继承遗产纠纷提起的诉讼,由被继承人死亡时住所地或者主要遗产所在地人民法院管辖。

第四章 消费者维权

消费，是指为了满足生产、生活需要而有偿地消耗物质财富。消费者是指为生活消费需要而购买、使用商品或接受服务的人和单位。消费者在购买、使用商品时，其合法权益受到损害的，可以向销售者要求赔偿。销售者赔偿后，属于生产者的责任或者属于向销售者提供商品的其他销售者的责任的，销售者有权向生产者或者其他销售者追偿。

第一节 消费者享有的权利

1. 消费者享有哪些权利？

根据《消费者权益保护法》的规定：
（1）消费者在购买、使用商品和接受服务时享有人身、财产安全不受损害的权利。
消费者有权要求经营者提供的商品和服务，符合保障人身、财产安全的要求。
（2）消费者享有知悉其购买、使用的商品或者接受的服务的真实情况的权利。
消费者有权根据商品或者服务的不同情况，要求经营者提供商品的价格、产地、生产者、用途、性能、规格、等级、主要成分、生产日期、有效期限、检验合格证明、使用方法说明书、售后服务，或者服务的内容、规格、费用等有关情况。
（3）消费者享有自主选择商品或者服务的权利。
消费者有权自主选择提供商品或者服务的经营者，自主选择商品品种或者服务方式，自主决定购买或者不购买任何一种商品、接受或者不接受任何一项服务。

消费者在自主选择商品或者服务时，有权进行比较、鉴别和挑选。

（4）消费者享有公平交易的权利。

消费者在购买商品或者接受服务时，有权获得质量保障、价格合理、计量正确等公平交易条件，有权拒绝经营者的强制交易行为。

（5）消费者因购买、使用商品或者接受服务受到人身、财产损害的，享有依法获得赔偿的权利。

（6）消费者享有依法成立维护自身合法权益的社会团体的权利。

（7）消费者享有获得有关消费和消费者权益保护方面的知识的权利。

消费者应当努力掌握所需商品或者服务的知识和使用技能，正确使用商品，提高自我保护意识。

（8）消费者在购买、使用商品和接受服务时，享有其人格尊严、民族风俗习惯得到尊重的权利。

（9）消费者享有对商品和服务以及保护消费者权益工作进行监督的权利。

消费者有权检举、控告侵害消费者权益的行为和国家机关及其工作人员在保护消费者权益工作中的违法失职行为，有权对保护消费者权益工作提出批评、建议。

2. 什么是消费者的选择权？

消费者有权根据自己的需要、意向和兴趣自主选择满意的商品或服务的权利叫消费者的选择权。

消费者的自主选择权具有以下的内容：

（1）有权自主选择提供商品或服务的经营者。我国社会主义市场经济的建立就是要使商品或服务的经营渠道多样化，除此需要国家专营的商品或服务外，允许国家、集体或私人自由经营。对消费者来说有权自主选择经营者，从而使那些提供的服务和商品都比较好的经营者受到鼓励，促进商品质量和服务水平的提高。在经营者之间实行自由竞争，实现优胜劣汰，更好地为消费者提供满意的商品和服务。任何人都无权侵犯消费者自主选择的权利。如果违背法律强迫消费者选择一家或几家经营者，就是对消费者合法权益的侵犯。

（2）自主选择商品品种或服务方式。不同品种的商品对不同消费者来说能够满足需要的程度是不同的,如果限定消费者购买商品的品种就会使众多的消费者满足不了自己的需要,从而达不到消费的目的。

(3) 消费者有权自主决定购买或不购买任何一种商品,接受或不接受任何一项服务。是否购买商品和接受服务取决于消费者是否有需要以及经营者提供的商品和服务能否满足这种需要,这些只有消费者自己最清楚。现实生活中,经营者为了获取经济利益,总希望消费者能够购买自己提供的商品或接受自己提供的劳务,有时要采取各种促销手段,以刺激和诱导消费者购买商品和接受服务,只要这些促销手段不强迫消费者决定,而是把决定权仍交给消费者,就不算对消费者权利的侵害。

(4) 选择商品或接受服务时有权挑选、鉴别、比较。挑选最满意的商品和服务是消费者满足自己需要的手段。任何经营者不得对消费者的挑选行为提出异议,无论商品的贵贱,有的经营者对高档贵重物品不允许挑选,或规定不决定购买的不能挑选或挑选后必须购买,这都是对消费者权利的侵害。

消费者自主选择商品的权利充分体现了法律保护消费者购买商品或接受服务的自愿性。买者不买,买谁的及买哪样的最终都必须由消费者自主决定,这种自主决定权必须得到尊重。实际生活中出现的大量导购人员也只应对消费者的购买行为起指导帮助作用,不能以任何借口强迫消费者违背自己的意愿购买商品或接受服务。

当然,消费者的自主选择权也不是绝对的,必须遵守法律和社会公德的要求。自主选择是在经营者提供的范围内选择,而不能片面强调权利强求他人超出经营范围提供商品或服务,更不能要求经营者进行违法活动。

3. 什么是消费者获得有关知识权?

根据《消费者权益保护法》第十三条规定,消费者享有获得有关消费和消费者权益保护方面的知识的权利,简称为有关知识权。这一权利包括两方面的内容:

(1) 获得有关消费方面的知识

主要有:有关消费观的知识,有关商品和服务的基本知识,有关市场的基本知识。这些是保障正确、适宜的消费所不可缺少的。如:购买家用电器,消费者应先了解某些家用电器的性能、质量、价格、外观以及"三包"基本情况,以便比较,最后决定购买哪个厂家生产的、哪个型号的家电。在使用该家电之前,也同样要了解有关情况,这样才能正确、安全地使用。如要接受美容服务，美容之前要了解一下美容的有关情况，看看自己是否适合美容，再了解哪一家美容店较好，然后去做，这样就不会花了钱带来副作用和麻烦。

（2）获得有关消费者权益保护方面的知识

主要指有关消费者权益保护的法律、法规和政策以及保护机构和争议解决途径等方面的知识。如果缺少这方面的知识，消费者的合法权益就不能得到充分、有效的保障。

消费者获得有关知识的途径是多方面的。如通过国家的政府宣传，消费者协会常年的介绍以及大众传播媒介和经营者自身的介绍；另外可以通过学校的基础教育。除社会多方面尽可能地创造机会，开辟多种途径帮助消费者获得知识外，消费者本身也应当为获得有关知识做出自身的努力。对此，该条第二款进一步规定，消费者应当努力掌握商品或者服务的知识和使用技能，正确使用商品，提高自我保护意识。值得注意的是，这一规定不是消费者的义务，而是为了保障获得有关知识的实现，由本法对消费者提出的原则性要求。

第二节　该向谁索赔

1. 消费者在购买、使用商品或接受服务时合法权益受到损害如何索赔？

根据《消费者权益保护法》第三十五条对消费者在购买、使用商品或接受服务时合法权益受到损害后的求偿对象做了如下规定：

（1）消费者在购买、使用商品时，其合法权益受到损害的，可以向销售者要求赔偿。销售者赔偿后，属于生产者的责任或者属于向销售者提供商品的其他销售者的责任的，销售者有权向生产者或者其他销售者追偿。

（2）消费者或者其他受害人因商品缺陷造成人身、财产损害的，可以向销售者要求赔偿，也可以向生产者要求赔偿。属于生产者责任的，销售者赔偿后，有权向生产者追偿。属于销售者责任的，生产者赔偿后，有权向销售者追偿。

根据《产品质量法》第三十四条的规定，缺陷是指产品存在危及人身、他人财产安全的不合理的危险；产品有保障人体健康，人身、财产安全的国家标准、行业标准的，就是符合质量标准。

（3）消费者在接受服务时，其合法权益受到损害的，可以向服务者要求赔偿。

根据上述法律规定，消费者可以向生产者或销售者及服务者任何一方要求赔偿。而生产者和销售者不可互相推诿，都有责任对消费者承担赔偿责任。

2. 什么是消费者权益争议的仲裁解决？

仲裁，即由第三人根据当事人间的仲裁协议，以中间者的身份，按照一定的程序，对纠纷进行审理，并做出裁决的活动。它是解决民事纠纷的重要途径之一。根据《消费者权益保护法》的规定，对消费者权益争议，如当事人之间存在仲裁协议的，可将纠纷提交仲裁机构仲裁。有关消费者争议的仲裁，应根据《中华人民共和国仲裁法》的规定进行。

3. 企业分立、合并后，原企业的商品发生质量问题，消费者应向谁索赔？

我们经常遇到这样的事情：在商店里购买的某企业生产的产品在使用过程中，发生了产品质量问题，当我们要向生产企业行使自己的权利（修理、更换、退货、求偿等）时，往往发现这家企业已经不存在了，有的分立，有的被合并到另一家企业。以往遇到这类问题，各个生产厂家往往是互相踢皮球，消费者就是跑断腿，问题还是得不到解决。通常是消费者自认倒霉。

我国《民法通则》第四十四条第二款规定："企业法人分立、合并，它的权利和义务由变更后的法人享有和承担。"我国《合同法》第九十条规定："当事人订立合同后合并的，由合并后的法人或者其他组织行使合同权利，履行合同义务。当事人订立合同后分立的，除债权人和债务人另有约定的以外，由分立的法人或者其他组织对合同的权利和义务享有连带债权，承担连带债务。"

我国《消费者权益保护法》根据《民法通则》和《合同法》这两部民事生活中根本大法的原则做出了如下规定："消费者在购买、使用商品或者接受服务时，其合法权益受到损害，因原企业分立、合并的，可以向变更后承受其权利义务的企业要求赔偿。"

根据这一规定，消费者遇到企业合并情形时，就可以向合并后的企业行使权利；遇到企业分立时，可以要求各分立企业共同承担义务。如果仍不能解决问题,可以将分立后的各企业作为共同的被告向法院起诉。法院在认定事实的基础上根据这一规定做出裁决,保护消费者的合法权益。

4. 消费者在展销会、租赁柜台购买商品或者接受服务,其合法权益受到侵害的,应向谁索赔?

在经济体制改革的过程中,商品流通体制也进行了巨大的改革,出现了租赁柜台这种新的经营方式,同时各种各样的展销会也日益增多。在大商场中,既有个体工商户承租的柜台,也有生产厂家承租的柜台,这些都给消费者的消费带来了方便。同时,也出现了一些损害消费者合法权益的现象,如有的个体经营者租赁柜台,经销质次价高的商品;有的展销会参加者借展销之名推销伪劣商品等。

《消费者权益保护法》第三十九条对消费者在这种情况下受到侵害如何取得补偿做了规定,即消费者在展销会、租赁柜台购买商品或者接受服务,其合法权益受到侵害的,可以向销售者或服务者要求赔偿。展销会结束或者柜台租赁期满后,也可以向展销会的举办者、柜台的出租者要求赔偿。展销会的举办者、柜台的出租者赔偿后,有权向销售者或者服务者追偿。

5. 打消费者权益官司时,确定精神损害赔偿的原则有哪些?

精神损害赔偿的基本原则是人们制定、解释、执行和研究精神损害赔偿的出发点和依据,也是我国精神损害赔偿本质的集中体现。

(1) 抚慰为主、补偿为辅原则

这一原则是由精神损害赔偿的性质所决定的。精神损害不同于物质损害,这种损害很难像物质损害那样用数字来统计。法律上规定精神损害可以以物质赔偿,目的在于这种方式有利于缓和或解除受害人精神上所遭受的痛苦,对受害人起到抚慰作用,从而进一步保护受害人的精神权益。这就决定了精神损害赔偿本身并不是主要目的和唯一方式。

精神损害赔偿只不过作为一种手段,并通过在经济上对受害人的补偿达到抚慰受害人的目的。因此,在精神损害赔偿中,应坚持抚慰为主、补偿为辅的原则。从我国《民法通则》的规定来看,尽管规定侵害民事主体的姓名权、名称权、肖像权、名誉权和荣誉权都可运用精神损害赔偿,但我国《民法通则》同时也规定了停止侵害、赔礼道歉、消除影响、恢复名誉等责任形式,而且将损害赔偿置于这几种责任方式之后。这表明,并不是所有的精神损害案件都适用损害赔偿责任形式,应视具体情况,首先考虑适用停止侵害、赔礼道歉、消除影响、恢复名誉。对于侵权人侵权的行为方式不恶劣、社会影响不大，没有造成明显的精神损害后果的，一般不适用精神损害赔偿。

（2）精神损害的赔偿数额应有所限制原则

这一原则实际上是前一原则的引申。正因为精神损害赔偿的性质是一种抚慰性的，主要目的是抚慰受害人的，损害赔偿的本身不是目的，这就决定了在确定精神损害的赔偿数额时并非毫无限制。

在当前，我国精神损害赔偿刚刚开始执行，尚无经验，而且我国工资总体水平不高，不对精神损害赔偿数额有所限制，一味满足受害人的要求是不切实际的，也是很难做到的。

（3）法官自由裁量原则

这一原则赋予了法官在处理精神损害赔偿案件时的自由裁量权。所谓自由裁量权是指法律赋予法官在法律允许的范围内对案件灵活处理的权力。由于精神损害所涉及的生理、心理以及人格利益的损害并不像财产损害那样容易判断，它有自己独特的特点，因此，在对精神损害量的评价，在确定精神损害赔偿数额时就必须赋予法官自由酌量的权力。按照这一原则，法官在审理案件的过程中，可以根据法律和事实来合理地确定赔偿数额。法官的自由裁量并不意味着法官在确定赔偿数额时可以随心所欲，为所欲为。他必须依据客观事实，分析和判断各种因素做出处理或判决。一般认为，法官在确定赔偿数额时应考虑受害人的精神损害程度、与加害人的关系、性别、年龄、职业、社会地位、知名度、家庭状况、经济条件、加害人的过错程度、侵权的性质、目的、手段、方式、经济状况以及损害的后果、当地的经济水平、地方习惯等各种因素。

6. 消费者可以提出财产损害的赔偿范围有哪些？

经营者提供的商品或者服务造成消费者或其他受害人财产损害的，消费者可提出的赔偿范围：

（1）直接损失

消费者的财产损害能够通过修理、更换、退货、补足商品数量、重做、退还货款和服务费用等方式予以补救，当然比较简单。与此有关的合理费用，如大件商品的运输费、邮购方式下的邮寄费、退还预付款时利息计算以及消费者必须支付的其他合理费用，都应该有票据为证，或者有明确的法律规定（如利息），确定起来并不困难。而在不能采用上述方式补救或财产本身灭失时，一般应按灭失财产原价进行赔偿；对于财产损坏修复后仍可使用，但原财产价值因此而降低的，应将被侵害的财产计算出实际减少的价值，按照实际减少的价值进行赔偿。这就涉及原物价值的确定问题。

在实践中，往往会出现实物的价格发生较大变化的情况，这时确定价值时，应按不同情况酌情处理。

对于原价高、现价低的财产，应区分财产的性质来考虑。对于特殊物品，现价低于原价，但在市场上难以买到的，应当按照原价计算赔偿。对于一般工业品，现价低于原价的，可以按新价格计算赔偿。对于原价低、现价高的财产，应该从现实价格考虑，否则，受害人的合法财产权益就得不到切实的保护。

（2）间接损失

如果经营者对消费者的财产不仅造成直接损失，也造成间接损失的，间接损失也应赔偿。对于间接损失的认定，应该具备三个条件：间接损失必须是财产性的损失，而不是其他损失；这种财产损失必须是将来确实可能取得的利益，而不是抽象的或假设的；该未来利益的产生具备确定的条件，在正常条件下，受害人本应当得到这些利益，只是由于侵害人的侵害才使这些可得利益没有得到。而且对可得利益应该限制在损害该财产的直接影响所及的范围。

7. 受到财产损害的消费者如何计算间接损失的赔偿数额？

对财产损害间接损失的赔偿，不是对该财产价值损失的赔偿，而是对该财产的拥有者利用该财产应该创造出但因该财产遭受损害而未创造出的新价值的损失的赔偿。计算间接损失的赔偿数额通常有三种计算方法：

（1）收益平均法

即计算出受害人在该财产损失之前利用该财产的单位时间平均收益值。在计算平均收益值时，要注意季节等条件因素对收益的影响，应选取同等条件或相似条件来计算。

（2）同类比照法

即选取条件相同或基本相同的同类经营者作为对象，计算该对象在同等条件下的平均收益值。

（3）综合法

综合法是将上述两种方法综合使用，使计算的结果更准确一些。

8. 经营者提供商品或者服务，给消费者造成人身损害的，应如何承担民事责任？

我国《民法通则》第一百一十九条规定："侵害公民身体造成伤害的，应当赔偿医疗费、因误工减少的收入、残废者生活补助费等费用；造成死亡的，并应当支付丧葬费、死者生前扶养的人必要的生活费等费用。"根据实践经验，一般包括以下内容：

（1）医疗费。包括：诊察费、药费、治疗费、检查费等直接医治人身损害所消耗的费用。

（2）交通费和住宿费。受害人需送医院抢救或必须转院治疗的，受害人及其护送人员的车船交通费和住宿费等，应当根据实际情况，予以赔偿。

（3）死者的丧葬费和死亡补偿费。

（4）残废者的生活补助费。

（5）受害人的误工工资。

（6）护理人员的误工补助费。

（7）残者伤前或死者生前扶养人员的生活费。

（8）其他必要的支出费用。例如，住院期间适当的生活补助费等。

9. 经营者提供商品或者服务，给消费者造成一般人身伤害的，应如何赔偿？

一般人身伤害是指经过治疗可以恢复健康，并未造成残废的人身损伤。对于一般人身伤害的赔偿范围，基本上应当包括医疗费、住院费、误工损失、专人护理费、治疗所需要的交通费、住宿费等；也可以考虑伙食补助费和必要的营养费。

（1）医疗费

医疗费包括诊察费、治疗费、化验费、药费、住院费等医疗人身伤害的费用。医疗费的赔偿，应以治疗医院的诊断证明和医疗费的单据为凭。在确定医疗费的赔偿范围时，必须注意：

①治疗医院，除了特殊情况外，一般应是所在地的医院，转外地医院治疗需经当地医治医院同意，未经同意而擅自另找医院治疗的费用，一般不予赔偿。

②医疗费必须是治疗外伤或损害所引起疾病的开支，治疗与外伤无关

的医疗费，不能予以赔偿。

③在经治医院以外的医疗、药品单位购买的药品，须经经治医院批准，私自购买的药品，原则上不赔偿。这样，既可以防止任意扩大赔偿范围，造成不必要的浪费，又能使纠纷得到合理的解决，也有利于增进人民内部的团结。

（2）因误工减少的收入

对这项赔偿的原则是，应当按其实际伤害程度、恢复情况并参照治疗医院出具的证明或者法医鉴定等认定。赔偿的误工日期，以治疗单位出具的诊断休息证明书为依据；赔偿费用的标准，按受害人平时的平均工资或实际收入的数额计算。确定误工工资的赔偿数额，可参考以下因素：

①误工时间不长，并且工资是固定的，先算出平均日工资，然后再按误工时间计算出整个误工工资。其平均工资一般按受害人被侵害前的一个月或数个月的工资收入按日计算。

②工资不固定，即根据当月劳动收益的情况，或多或少经常浮动的，一是按照较长时间（半年或一年）工资的平均收入来计算；二是按照同单位（或者同系统、同行业）、同工种、同级职工的同期平均工资收入来计算。

③受害人以前从未做过工作，在受损害时，工作不满一年或者更短时间的。确定这类误工工资的数额，也要就受害人在这一期间所得工资的总数求出每月的平均工资。如果受害人工作不满一个月的，则确定其平均日工资，也可以计算出误工工资的赔偿数额。

④误工时间较长的，应按较长时间的平均工资收入来计算。以防止该少算的却多算，或该多算的却少算等不合理现象的出现。

⑤奖金赔偿问题。对此，最高人民法院目前尚无明确的解释。我国目前实行的结构工资制中奖金已成为工资的组成部分，原则上应予以赔偿。比照道路交通事故处理办法关于"固定收入"的解释，奖金是应当包括在赔偿范围之内的，其计算方法是以上一年本单位人均奖金计算，超过奖金税计征起点的，以计征起点为限。在实务中，可以参照这一规定确定奖金的赔偿范围。有些受害人提出奖金影响提薪、晋级等损失，要求由加害人承担赔偿责任。对这类要求，不应予以支持。因为一是没有法律政策依据，二是损害赔偿不能，也不应考虑主观推算的利益。

⑥至于城乡承包经营户或个体工商户人身伤害的误工工资，应当参照受害人在一定期限内的平均收入酌定，或者以当地个体经营的同行业、同

等劳力当月的平均收入（或中等收入）为标准，来加以计算。按当月计算，是由于个体户、专业户的各个月份的季节不同，收入也不相同，必须加以区别。

（3）治疗期间的护理费用

专人护理必须经医院批准，人数限定为一人，需要日夜护理的，不能超过二人；其误工补助费按收入的实际损失计算。护理人员没有工资收入的，原则上按当地临时工的工资标准计算。

（4）转院治疗的交通费、住宿费

治疗中的受害人和护理人员花去的合理的交通费和住宿费，应根据实际情况，由加害人赔偿。应当注意的是，交通费和住宿费必须合情合理。转院治疗的交通费、住宿费的赔偿，要有批准手续；护送人员的人数，要以能安全护送为标准。

（5）伙食补助费和营养费

对于一般伤害，这两项内容的赔偿应从严掌握，除特殊情况（年幼、年迈，或因严重伤害影响进食等）外，一般情况不应包括在赔偿范围之内。伙食补助费不应超过国家工作人员出差补助费的标准。营养费的赔偿，应经治疗的医院或法医的鉴定，并经人民法院核实，确认受害人确需补充营养食品作为辅助治疗的，可以酌情赔偿，但数额不宜过高。

10. 经营者提供商品或者服务，致使消费者残疾的，应如何赔偿？

残疾，是指受害人身体遭受伤害，致使部分肌体丧失功能，不能再恢复，因而部分或全部丧失劳动能力。致人残疾，从损害赔偿的角度上，划分为部分丧失劳动能力和全部丧失劳动能力。

对于致残的赔偿，除了对医疗费、误工工资、护理费、转院治疗的交通费和住宿费以及伙食补助费、营养费的赔偿，应按照一般人身伤害赔偿标准处理外，还有以下几项费用应当予以赔偿。

（1）特殊医疗费

特殊医疗费是指除一般伤害的医疗费以外，治疗残废所必需的费用。补救性治疗费，如安假肢、假眼的费用，应当根据医院诊断和实际需要给予赔偿。残后的医疗费，比较难以掌握，原则上应以县级以上医院或者法医鉴定的医疗终结时间为标准，给予赔偿。康复医疗费，根据目前情况看，支出的费用相当高，而且有很多是没有治疗价值的。对此，应当根据情况，可予以适当补偿，原则上不能全部赔偿，个别加害人经济状况极好的除外。对于难以计算残后医疗费用或医疗终结时间的，除个别情况可以给予一次性医疗费补偿外，不做一次性的补偿，可告知受害人按照法律规定，在再次治疗后另行起诉。

(2) 残疾者生活自助具费

因产品存在缺陷造成消费者或其他人残疾的，产品的生产者和销售者应当赔偿残疾者生活自助具费和其他损失。残疾者生活自助具费是指受害人因器官受害丧失功能，为正常的工作和生活需要购买辅助器具的费用，如截肢后应安装假肢或购买轮椅等。残疾者生活自助具费，凭医院证明或实际需要，以经济适用的中等质量的自助器具所需费用计算。

(3) 生活补助费

消费者或其他受害人因产品存在缺陷造成残疾后，丧失全部或部分劳动能力，无法工作来维持自身生活，产品的生产者和销售者应当支付受害人残疾后的基本生活费用，这种费用称为受害人生活补助费。根据《最高人民法院关于贯彻执行〈中华人民共和国民法通则〉若干问题的意见（试行）》第146条规定，侵害他人身体致使其全部或部分丧失劳动能力的，赔偿的生活补助费，一般应补足到不低于当地居民基本生活费的标准。

具体金额按受害人所在的省、直辖市或自治区的人民代表大会常务委员会制定的地方性法规规定的标准计算。具体包括下列内容：

①生活补助费具体适用的标准，以受害人所在市、县或省、自治区、直辖市居民年基本生活费为准。不管受害人是全部丧失劳动能力还是部分丧失劳动能力，产品的生产者和销售者都必须向受害人支付不少于上述标准的年基本生活费。受害人与产品的生产者和销售者协商确定高于上述标准的，或受害人所在地的县级消费者协会、工商行政管理部门、产品质量监督管理部门以及法院以更高更合理的标准计算的，应当按上述更高的标准计算。

②生活补助费的计算，应以定残之月为起算月份。定残月份，由法院或有关行政部门确定。定残月之前，按因误工减少的收入来计算赔偿。

③赔偿年限。各省规定不同，按受害人所在省的规定执行。如有的省规定，残废者的生活补助费，自残废之月起赔偿二十年，五十岁以上的，每增加一岁赔偿年限减少一年，但减少后的赔偿年限不少于十年，受害人年龄在七十岁以上的，赔偿年限按五年计算。这同国务院《道路交通事故处理办法》第三十七条第五项规定的标准相同。

以各省规定或双方商定的年基本生活费乘以赔偿年限所得金额就等于

残废者生活费的赔偿金额。

(4) 由残废者扶养的人所必需的生活费

消费者或其他受害人因产品存在缺陷而造成其残废后，残废前由其扶养者将孤苦无依，生活无着，理应由产品的生产者和销售者负责支付由消费者或其他受害人残废前扶养者的生活费用。这里的被扶养者可以是未成年人或老人，可以是病人或健康人，可以是受害人的亲属、亲戚、朋友或其他由受害人实际扶养的人。《最高人民法院关于贯彻执行〈中华人民共和国民法通则〉若干问题的意见（试行）》第147条规定，侵害他人身体致人死亡或者丧失劳动能力的，依靠受害人实际扶养而又没有其他生活来源的人要求侵害人支付必要生活费的，应当予以支持，其数额根据实际情况确定。这表明，只要是依靠消费者或其他受害人实际扶养而又没有其他生活来源的人，就有权独立向产品的生产者和销售者要求支付其必要的生活费。现就被扶养者生活费的计算说明如下：

①赔偿的月计算标准。被扶养者生活费以"必需的生活费"为限。具体而言，被扶养者月生活费应以保证被扶养人每月最基本的生活需要为原则来确定，司法实践中，一般以当地（受害人所在市或县）居民生活困难补助标准为准，现在也可以受害人所在市或县确定的最低生活费为准。

②赔偿年限。具体计算以各省、自治区、直辖市人民代表大会常务委员会制定的地方性法规为依据。如果缺乏有关规定，可参照《道路交通事故处理办法》第三十七条的规定来确定赔偿年限，即对不满十八周岁的人扶养到十八周岁；对无劳动能力的人扶养二十年，但五十周岁以上的，年龄每增加一岁减少一年，最低不少于十年；七十周岁以上的按五年计算；对其他被扶养人扶养五年。

根据上述被扶养人月生活费乘以赔偿月数所得金额即为应付被扶养人生活费，通常一次性支付。

(5) 残疾赔偿金

《消费者权益保护法》第四十一条明确规定，经营者提供商品或者服务，造成消费者或者其他受害人残疾的，应当支付残疾赔偿金。由于消费者或其他受害人残废后的物质损失，是通过医疗费、残疾者生活补助费、被扶养者生活费等或医疗费、丧葬费等予以赔偿的，残疾赔偿金的性质应该属于精神赔偿。受害人成为残疾人，给本人及其亲属必然带来巨大的精神痛苦，向受害人或其亲属支付一定数额的金钱予以抚慰，使其生活稍稍得到改善，也是一种可取的办法，于情于法有据。

残疾赔偿金应结合下列因素加以确定：

①侵害人的因素

侵害人的过错程度。过错包括故意和过失。如果侵害人的行为是故意的或有重大过失，那么其赔偿额应当较大，以示惩戒；如果侵害人只有一般过失或无过错，或事后认错态度较好，积极采取措施防止损害扩大，这样侵害人的赔偿额可相对较小，因为受害人的心理创伤相对小一些。

侵权的情节。经营者提供的商品因存在缺陷造成受害人具体的人身伤害，对受害人或其家属生活和工作的实际影响等，都应作为核实赔偿额的重要客观依据。一般而言，死亡赔偿金额应大于残疾赔偿金额，全残赔偿金额应大于部分残疾赔偿金额，在人身重要部位（如面部等）造成残疾比在人身相对次要部位造成残疾应赔偿更多。

侵害人的经济状况。侵害人的经济状况较好时，应赔偿更多一些，以表诚意；但若侵害人的经济状况较差，即使判决侵害人赔偿多一些，侵害人也可能没有履行的能力。

②受害人因素

受害人包括直接受产品侵害的人和其受到精神伤害的亲属。具体应考虑受害人下列因素：a. 受害人精神损害程度。这从受害人临床表现中可以观察得到，如受害人伤心得精神失常就是十分严重的表现了。b. 受害人的经济状况。对经济状况不好的受害人，应当多赔偿。c. 受害人所在地的生活水平。如果受害人所在地生活水平较高，赔偿额就应当大一些。当侵害人所在地生活水平与受害人所在地生活水平不一样时，应当以较高的一方的生活水平为准来考虑赔偿额。

总之，随着经济的发展，社会上群众和司法机关越来越重视精神赔偿，残疾赔偿金将会成为因产品存在缺陷致人伤残而向受害人赔偿的主要组成部分，从而更好地保护消费者的权益。

11. 经营者破产、倒闭的，消费者还能享受三包服务吗？

根据《民法通则》《公司法》等现行法律法规的规定，经营者（包括生产者、销售者、修理者）破产、倒闭的，消费者仍能享受三包服务。生产者倒闭或破产后，销售者仍应依法律规定或与消费者的约定承担相应的三包责任。销售者破产或倒闭后，生产者（包括进口者或供货者）依法应承担的相应的三包义务（如继续提供合格零配件等）仍应继续承担。修理者破产、倒闭的，消费者除可以参加破产程序或通过清算组求得清偿外，销售者、生产者可以另行指定修理者来承担三包修理责任。倘若生产者、销售者同时破产或倒闭，对其各自应承担的三包责任，如退货的责任等，消费者可以债权人的身份通过参加破产程序或者通过清算组求得补偿。

12. 挂失的存单被冒领由谁承担责任？

所谓储蓄是指个人将属于其所有的人民币或外币存入储蓄机构，储蓄机构开具存折或存单作为凭证，个人凭存折或存单可以支取存款本金和利息，储蓄机构依规定支付存款本金和利息的活动。

存单、存折分记名式和不记名式，不记名式的存折、存单不能挂失；记名式的存折、存单可以挂失。储户的存单、存折如有遗失，必须立即持本人居民身份证明，并提供储户的姓名、存款时间、储蓄种类、金额、账号及住址等有关情况，向其开户的储蓄机构书面申请挂失。储蓄机构在确认该笔存款未被支取的前提下，方可受理挂失手续。挂失7天后，储户需与储蓄机构约定时间，办理补领新存单、存折或支取存款手续。

如果储户本人不能前往办理，可以委托他人代为办理挂失手续，但被委托人要出示其身份证明。如果在特殊情况下，储户不能办理书面挂失手续，而用电话、电报、信函挂失，则必须在挂失7天之内补办书面挂失手续，否则挂失不再有效。若存款在挂失前或挂失失效后已被他人支取，储蓄机构不负责任；若挂失后，存款仍被他人支取，储蓄机构应负赔偿责任。

第三节　假冒伪劣、虚假宣传商品的维权

1. 对于哪些移动电话机商品不实行三包？

根据《移动电话机商品修理更换退货责任规定》的规定，属下列情况之一的移动电话机商品，不实行三包，但可以实行合理的收费修理：

（1）超过三包有效期的；

（2）无三包凭证及有效发货票的，但能够证明该移动电话机商品在三包有效期内的除外；

（3）三包凭证上的内容与商品实物标识不符或者涂改的；

（4）未按产品使用说明书要求使用、维护、保养而造成损坏的；

（5）非承担三包的修理者拆动造成损坏的；
（6）因不可抗力造成损坏的。

2. 销售掺杂、掺假，以假充真、以次充好的商品的行为，是否属于欺诈消费者的行为？消费者能否主张加倍赔偿？

所谓掺杂、掺假，是指销售的商品中掺和了该商品本不该有的其他成分或假的成分，从而使消费者所购买的商品质地不纯的虚假行为。例如在销售的白酒中掺冷水、在销售的茅台酒掺和其他质地的白酒等。所谓以假充真，是指假的商品冒充为真的商品来销售，把仿造品冒充为真品来销售。所谓以次充好是指把质量等级差的商品冒充为质量规格好的商品来出售的行为。

经营者在向消费者提供商品或者服务的过程中，只要有销售掺杂、掺假，以假充真、以次充好的商品或者服务的行为，就属于欺诈消费者的行为，消费者可依此主张加倍赔偿。

3. 采取虚假或者其他不正当手段使销售的商品或者服务的分量不足的行为，是否属于欺诈消费者的行为？

公平的消费交易，不仅需要保障消费者获得质量保证的商品或服务，而且所获得的商品或者服务的数量也必须足额。因此，计量准确是公平交易的一个起码要求。不准确的计量实际上变相抬高了商品的价格，而且，这种对商品或服务的价格的提高是以欺骗的形式实现的。在消费交易中，经营者为了牟取非法利润，往往采取不正确的计算方法损害消费者利益，常常通过缺斤少两、短尺缺寸等各种计量短缺的手段来达到欺骗消费者、牟取非法利益的目的。

采取虚假或者其他不正当手段使销售的商品或者服务的分量不足的行为，是经营者欺诈消费者的一种典型行为，消费者可依此主张加倍赔偿。

4. 销售"处理品""残次品""等外品"等商品而谎称是正品的行为，是否属于欺诈消费者的行为？

所谓"处理品""残次品""等外品"等是指有缺陷的商品。销售"处理品""残次品""等外品"等商品而谎称是正品的行为，事实上是经营者掩盖商品的缺陷，以撒谎的方式让消费者把有缺陷的商品当成正品的欺骗行为，这也是经营者欺诈消费者的一种常见的行为，消费者可依此主张加倍赔偿。

5. 以虚假的"清仓价""甩卖价""最低价""优惠价"或者其他欺骗性价格表示销售商品的行为,是否属于欺诈消费者的行为?

以欺骗性价格表示销售商品的行为,是经营者在商品的价格上欺诈消费者的行为。在消费交易中,经营者一般以营利为目的,因而,常常容易受利益驱动而违背商品和服务的实际价值确定商品或服务的价格,甚至以虚假的方式对其提供的商品或服务进行欺骗性的价格表示,故意让消费者上当。以虚假的"清仓价""甩卖价""最低价""优惠价"或者其他欺骗性价格表示销售商品的行为属于经营者对消费者进行价格欺诈的行为,消费者可依此主张加倍赔偿。

6. 以虚假的商品说明、商品标准、实物样品等方式销售商品的行为,是否属于欺诈消费者的行为?

所谓虚假的商品说明、商品标准、实物样品,是指与商品的实情不相等的,不具有真实性的商品说明、商品标准、实物样品等。这事实上是一种对商品的一种虚假宣传,通过这类虚假宣传来误导消费者,足以使消费者上当受骗。

以虚假的商品说明、商品标准、实物样品等方式销售商品的行为,属于欺诈消费者的行为,消费者可依此主张加倍赔偿。

7. 不以自己的真实名称或标记销售商品的行为,是否属于欺诈消费者的行为?

在消费交易中,经营者应当标明其真实的名称和标记。经营者向消费者提供商品或服务必须表明自己的真实身份,这是《消费者权益保护法》所明确设定的经营者的法律义务。经营者不依法履行这一法定义务,不以自己的真实名称或标记销售商品,不仅不利于消费者做出正确的消费选择和判断,而且在这种场合容易使消费者上当受骗,也容易使消费者受到损害后救济无门。因此,不以自己的真实名称或标记销售商品的行为,事实上也是一种欺诈消费者的行为,消费者可依此主张加倍赔偿。

8. 采取雇佣他人等方式进行欺骗性销售诱导的行为，是否属于欺诈消费者的行为？

所谓"欺骗性的销售诱导"，是指经营者为了促成消费者购买其商品或服务，故意隐瞒或捏造事实，引诱消费者购买其商品或服务的行为。

经营者采取雇佣他人等方式进行欺骗性销售诱导的行为，是典型的欺诈消费者的行为，消费者可依此主张加倍赔偿。

9. 做虚假的现场演示和说明的行为，是否属于欺诈消费者的行为？

现场演示和说明，是经营者在销售过程中的一种促销行为，其目的是通过现场的演示和说明来宣传自己的商品或服务，以扩大商品或服务的销售量。现场演示和说明作为经营者的重要促销手段，必须遵循真实客观的原则。而虚假的现场演示和说明是指不顾真实客观原则，不符合商品和服务的实情的、足以使消费者产生误解的现场演示和说明。可见，做虚假的现场演示和说明的行为，也是经营者欺诈消费者的行为，消费者可依此向经营者主张加倍赔偿。

10. 利用广播、电视、电影、报刊等大众传播媒介对商品做虚假宣传的行为，是否属于欺诈消费者的行为？

利用广播、电视、电影、报刊等大众传播媒介对商品或服务进行广泛的宣传，是现代商品经济中，扩大商品和服务的知名度，促进和扩大商品和服务的销售的一种重要手段。当然，经营者对其商品、服务的宣传必须与商品、服务的真实情况相符，不得做引人误解的虚假宣传。

这里所谓"虚假宣传"，是指与实际情况不符的宣传。例如对其商品的某一方面的特征做不合实际的夸张、渲染；或者通过捏造事实、制造假象来进行商品或服务宣传。通过虚假的宣传，使消费者所获得的信息失真，对消费者产生误导，损害消费者的利益。因此，利用广播、电视、电影、报刊等大众传播媒介对商品做虚假宣传的行为，是一种具有严重危害性的欺诈消费者的行为，消费者可依此向经营者主张加倍赔偿。

11. 骗取消费者预付款的行为，是否属于欺诈消费者的行为？

骗取消费者预付款的行为，是指经营者利用预售合同，通过与消费者签订预售合同的手段，取得消费者的信任，然后骗取消费者的预付款的行为。

在预售合同中，商品的交付与价金的支付非同时发生，购买者预先支付价金之一部分或全部，然后经营者按照预售合同规定的品种、质量、规格、期限、履行方式、地点等履行合同，提供约定的预售商品。如果经营者没有履行预售合同的能力或者与消费者签订预售合同不以切实履行为目的，那么就属于利用预售合同骗取消费者预付款的欺诈行为，消费者可依此向经营者主张加倍赔偿。

12. 利用邮购销售骗取价款而不提供或者不按照约定条件提供商品的行为，是否属于欺诈消费者的行为？

邮购消费交易是现代消费交易的一种重要形式。邮购消费交易总是以邮购者先支付价款为条件，钱货不能当场清结，消费者以邮汇的方式支付价款之后，是否能获得商品以及获得的商品是否具有邮售广告中表明的品质，完全有赖于邮售者的信用。在现实的消费生活中，有的经营者或不法分子，利用邮购消费交易的特点，在邮购广告中对商品做夸大渲染，引诱消费者上当受骗，推销伪劣商品，消费者在将钱汇出后，经营者不提供或不按照约定条件提供商品，借邮购销售之名，行欺诈骗取消费者价款之实。

根据《欺诈消费者行为处罚办法》的规定，利用邮购销售骗取价款而不提供或者不按照约定条件提供商品的行为，属于欺诈消费者的行为，消费者可依此向经营者主张加倍赔偿。

13. 以虚假的"有奖销售""还本销售"等方式销售商品的行为，是否属于欺诈消费者的行为？

有奖销售是指经营者随着自己提供商品或者服务而向对方提供金钱、物品或其他经济上奖励的行为。还本销售是经营者以向消费者承诺到一定期限将归还消费者商品本价的方式进行销售商品的行为。

在一定范围内的有奖销售和还本销售等不失为现代市场经济中有效的促销手段。但是这类促销手段的运用必须依法进行，而不得以虚假的有奖销售、还本销售等方式销售商品。所谓以虚假的有奖销售、还本销售等方式销售商品，是指采用谎称有奖或将要还本等的欺骗方式进行销售其商品或服务，或者利用有奖销售、还本销售等手段进行推销质次价高的商品或服务，是一种欺诈消费者的行为，消费者可依此向经营者主张加倍赔偿。

14. 经营者做出"假一罚十"的承诺是否有效？

经营者在不损害国家和公众利益，在不违反《反不正当竞争法》的前提下，向消费者做出诸如"假一罚十"的承诺，应当是合法有效的。这种承诺既是经营者对商品没有瑕疵的一种保证，也预示着一旦这个保证不能兑现时经营者必须践诺。

《消费者权益保护法》第四十九条对经营者的欺诈行为做出了增加1倍赔偿的规定，而经营者则做出了增加10倍赔偿的承诺，消费者遇到这种情形，到底该如何处理？此时，经营者应该兑现做出的承诺，即使其承诺高于《消费者权益保护法》第四十九条的规定也应履行。因为经营者的承诺是自愿的，是在没有受到消费者的强制胁迫的情况下主动做出的，是其真实意思的表示，而且一般有其商业目的的考虑，如为了吸引顾客、扩大销售等。消费者在购买商品时也认同了对方的承诺，从严格法律意义上来说，只要双方构成了买卖关系，这时候消费者和经营者就已就"假一罚十"达成了协议，这个协议是受到法律支持和保护的。

第四节 餐饮与旅游维权

1. 餐饮经营者规定最低消费合法吗？

根据《消费者权益保护法》第九条规定，消费者享有自主选择商品或者服务的权利，有权自主选择商品品种或者服务方式，自主决定购买或者不购买任何一种商品、接受或者不接受任何一项服务。

根据《餐饮修理业价格行为规则》第四条的规定，经营者应当以成本费用加法定税金和合理利润依据市场制定，应质价相符，不得强迫消费者接受其规定的价格。由此可见，最低消费额的规定，侵犯了消费者的自主选择权，是经营者在变相强迫消费者接受其规定的价格，而且其制定价格的行为不符合质价相符的原则。遇到最低消费规定时，应按实际消费商品、服务以明码标价结算收费。

2. 餐饮经营者能否收取价外服务费、检查费或其他价外加价？

餐饮业的经营者不得收取任何价外服务费、检查费或其他任何名目的价外加价，必须按经物价局核定的明码标价收费，国家另有规定的除外。

各种服务项目应当具有与其价格相符的服务内容，经营者不得只收费不服务或少服务多收费。餐饮服务项目除国家另有规定外，如节假日加收服务费，经营者不得随意收取任何名目的价外服务费（如小费）或以其他形式价外加价；修理服务项目除政府价格主管部门规定可另收取检查费外，不得随意另立名目，价外加价收取费用。

3. 旅游企业违反承诺，擅自改变或减少旅游景点或改变住宿条件，应当承担什么责任？

旅游企业违反承诺，即违反以广告、旅游说明书、旅游合同、口头承诺、店堂告示等形式表明的旅游合同的内容的，不经旅游者同意，擅自改变行程，改变或减少景点或改变住宿条件，属于违约行为。旅游者可以要求旅游企业按原计划进行，也可以解除合同，要求旅游企业赔偿因此造成的损失，按具体情况退还部分或全部费用。即使征得旅游者同意，旅游企业仍应赔偿因此给旅游者造成的损失。当然，这种情况下一般损失较小。

但是，如果旅游企业提供的旅游景点、食宿条件、收费标准与其广告、店堂告示、旅游宣传材料严重不符，即构成欺诈。旅游者不仅可以要求旅游企业退还部分费用或全部费用，赔偿实际损失，而且还可以另外要求旅游企业向旅游者支付与旅游企业收取价款等额的赔偿费，旅游企业应支付给旅游者的费用等于部分退还费用加实际损失赔偿加与其收费等额的赔偿。然而，由于不可抗力（如预料之外的特大暴雨、山洪、干旱、骚乱等）导致改变旅游行程的，旅游企业不承担赔偿责任，但应退还部分费用。

4. 旅游者在旅游途中受伤或死亡，旅游企业是否应当承担赔偿责任？

旅游者在旅游途中受伤或死亡，应查明原因，分清责任。如果旅游者不听导游人员劝告和阻止，故意涉险导致伤亡，或因其健康原因造成伤亡的，旅游企业不负赔偿责任。如果旅游企业疏忽大意或过于自信，将旅游者带到危险地带，或在危险地带，导游人员没有及时明白地发出危险警告和劝阻的，旅游企业应对旅游者的伤亡按过错程度承担责任。如果旅游者吃了不洁食物引起伤亡，并且该饮食部门是旅游企业指定或约定的定点用餐地点，旅游企业按过错程度适当承担责任，否则不承担责任。

旅游者乘坐旅游企业包租的交通工具，因发生交通事故造成旅游者伤亡的，应由事故责任者承担责任，也可以由旅游企业先行赔偿旅游者伤亡的损失，再由旅游企业向责任者追偿。

第五节　农业与农民维权

1. 农民购买、使用农业生产资料是否适用《消费者权益保护法》？

《消费者权益保护法》第五十四条规定："农民购买、使用直接用于农业生产的生产资料，参照本法执行。"这是关于《消费者权益保护法》适用范围的特殊规定。

一般而言，消费与生产是辩证统一的关系，生产同时又是消费，消费同时又是生产。物质资料的生产过程，就是劳动力和生产资料的消费过程；生活资料的个人消费过程，就是劳动力的再生产过程。由此可以看出，前者是以物质资料生产为目的的劳动力和生产资料的消费，又可称之为生产消费；后者则是以劳动力再生产为目的的生活资料的个人消费，又可称之为生活消费。而农民购买、使用生产资料的行为显然属于生产消费的范畴，那么，按照《消费者权益保护法》第二条的规定，"消费者为生活消费购买、使用商品或接受服务，其权益受本法保护"，农民购买、使用生产资料的生产消费行为应不受《消费者权益保护法》的调整，但该法第五十四条又明确规定："农民购买、使用直接用于农业生产的生产资料，参照本法执行。"法律之所以做如此规定，主要是因为：

（1）农民作为农业生产资料的消费者与生活消费的消费者一样，在经济地位上相对于生产资料的提供者而言，处于弱者的地位，因而需要加以特殊保护。同时，我国是一个农业大国，农业处于国民经济的基础地位，农民问题也是我国的突出问题，以法律的形式对农民的利益进行切实保护，确有必要。

（2）近年来，我国的农业生产资料市场混乱，除表现在价格方面以外，最突出的还是在质量问题上，坑农害农的现象屡屡发生。农民在购买、使用种子、农药、化肥等直接用于农业生产的生产资料时，往往由于质量问题导致减产甚至绝收。而在受害以后，一方面，由于农民的法律意识淡薄；另一方面，又缺少专门的法律加以调整，这必然引起了立法者的注意。因此，在《消费者权益保护法》中，以专条的形式对此加以规定，将农民和普通的消费者一样加以保护，对切实维护农民的合法权益，减少乃至杜绝坑农、害农事件的发生有极其重要的意义。

适用《消费者权益保护法》第五十四条的规定，应具备以下条件：

（1）消费的主体是农民

既包括农民个人，也包括农户（农村承包经营户）。如果农村集体经济组织为方便农民进行生产，组织农民购买农业生产资料，其合法权益也应受到《消费者权益保护法》的保护。总而言之，不能将该条中的"农民"仅仅局限于农民个人。

（2）消费的方式是购买或使用，即农民购买、使用直接用于农业生产的生产资料

一般而言，农民购买和使用农业生产资料是统一的，但购买和使用发生分离的现象也是屡见不鲜。比如说农民甲购买农药后，借给农民乙使用，乙使用该农药因农药质量问题受到损害，也适用《消费者权益保护法》。也就是说，农民在仅购买，或仅使用或既购买又使用直接用于农业生产的生产资料时，都适用《消费者权益保护法》。

（3）消费的客体是直接用于农业生产的生产资料

也就是说农民购买的生产资料必须是直接用于农业生产，如果购买的生产资料用于非农业生产，如某养鱼专业户购买鱼粉加工设备，即不能适用《消费者权益保护法》，而应适用《产品质量法》等其他有关法律、法规的规定。

2. 对于农业机械产品，销售者如何承担三包责任？

根据《农业机械产品修理、更换、退货责任规定》，对于列入该规定的农业机械产品，销售者的三包责任有：

（1）不能保证实施本规定的，不得销售产品；

（2）认真执行进货检查验收制度；

（3）不准销售不符合法定标识要求的产品以及假冒伪劣产品；

（4）保持销售的产品的质量；

（5）产品售出时，应当开箱检验或者向农民当面交验、试机（车），提供财政税务部门统一监制的发货票、三包凭证、产品合格证及产品使用

说明书，介绍产品三包方式、修理者地址和联系方法，介绍产品使用、维护、保养注意事项，按装箱单向农民交付随机（车）工具、附件、备件，并让农民对所购产品的外观质量进行检验；

（6）农忙季节应当有及时排除主要产品故障的措施；

（7）妥善处理农民的查询、投诉。

3．对于农业机械产品，在什么情况下可以要求退货？

凡符合下列条件之一的，销售者应当负责为消费者免费退货：

（1）内燃机、拖拉机、联合收割机等在换货后 15 日内发生前述规定的三包特定故障，农民消费者有权要求退货。消费者提出退货要求的，销售者应当负责为其免费退货。

（2）除内燃机、拖拉机、联合收割机以外的农业机械产品，在换货后 15 日内发生安全性能故障和使用性能故障的，消费者可以要求退货，销售者应当负责为其免费退货。

（3）在三包有效期内，符合换货条件的，因销售者无同型号、同规格产品可供更换，或者因换货后仍达不到国家标准、行业标准或者企业标准规定的性能要求以及明示的性能要求，农民消费者要求退货的，销售者应当予以免费退货。

第五章 劳动人事

劳动合同是劳动者与用工单位之间确立劳动关系,明确双方权利和义务的协议。劳动合同按合同的内容分为劳动合同制范围以内的劳动合同和劳动合同制范围以外的劳动合同;劳动合同分为固定期限劳动合同、无固定期限劳动合同和以完成一定工作任务为期限的劳动合同。根据《劳动合同法》第二十六条的规定,以欺诈、胁迫的手段或者乘人之危,使对方在违背真实意思的情况下订立或者变更的劳动合同都是无效劳动合同。

第一节 劳动合同与劳动关系

1. 什么是劳动合同?

劳动合同是用人单位(包括企业、事业单位、国家机关、社会团体和雇主)同劳动者之间确立劳动关系,明确相互权利义务的协议。

根据《中华人民共和国劳动合同法》(以下简称《劳动合同法》)第十七条的规定,签订劳动合同必须具备以下条款:

(一)用人单位的名称、住所和法定代表人或者主要负责人;
(二)劳动者的姓名、住址和居民身份证或者其他有效身份证件号码;
(三)劳动合同期限;
(四)工作内容和工作地点;
(五)工作时间和休息休假;
(六)劳动报酬;
(七)社会保险;
(八)劳动保护、劳动条件和职业危害防护;

（九）法律、法规规定应当纳入劳动合同的其他事项。

劳动合同除前款规定的必备条款外，用人单位与劳动者可以约定试用期、培训、保守秘密、补充保险和福利待遇等其他事项。

2. 哪些劳动合同无效？无效劳动合同如何处理？

无效劳动合同是指劳动合同的内容和订立的方式不符合法定条件，因而不发生法律效力。无效的劳动合同从签订之日起，就不具有法律效力。劳动合同的无效，由劳动争议仲裁委员会或者人民法院确认。

根据《劳动合同法》第二十六条的规定，下列劳动合同无效：

（一）以欺诈、胁迫的手段或者乘人之危，使对方在违背真实意思的情况下订立或者变更劳动合同的；

（二）用人单位免除自己的法定责任、排除劳动者权利的；

（三）违反法律、行政法规强制性规定的。

对劳动合同的无效或者部分无效有争议的，由劳动争议仲裁机构或者人民法院确认。

对无效劳动合同必须妥善处理。第一，要明确劳动合同是全部无效还是部分无效，部分无效的，如果不影响其余部分的效力，其余部分仍有效。第二，要区分订立无效劳动合同的责任。因无效劳动合同给当事人造成经济损失的，由过错的一方负责赔偿，由于用人单位订立无效劳动合同或订立部分无效劳动合同的，应按劳动和社会保障部的有关规定，必须对造成损失的劳动者进行赔偿，即造成劳动者工资收入损失的，按劳动者本人应得工资收入支付给劳动者，并加付应得工资收入25%的赔偿费用。如果双方当事人都有过错，各自承担相应的责任。

3. 招用尚未解除劳动合同的劳动者会产生什么法律责任？

《劳动合同法》第九十一条明确规定："用人单位招用与其他用人单位尚未解除或者终止劳动合同的劳动者，给其他用人单位造成损失的，应当承担连带赔偿责任。"

也就是说，当劳动者无力赔偿原用人单位的经济损失时，原用人单位有权请求招用该劳动者的用人单位承担赔偿责任。

4. 在什么情况下用人单位不能解除劳动合同？

《劳动合同法》第四十二条规定，劳动者有下列情形之一的，用人单位不得依照本法第四十条、第四十一条的规定解除劳动合同：

（一）从事接触职业病危害作业的劳动者未进行离岗前职业健康检查，或者疑似职业病病人在诊断或者医学观察期间的；

（二）在本单位患职业病或者因工负伤并被确认丧失或者部分丧失劳动能力的；

（三）患病或者非因工负伤，在规定的医疗期内的；

（四）女职工在孕期、产期、哺乳期的；

（五）在本单位连续工作满十五年，且距法定退休年龄不足五年的；

（六）法律、行政法规规定的其他情形。

5. 向员工收取"入厂押金"的做法对用人单位来说是否允许？

用人单位擅自向职工收取货币、实物等作为"入厂押金"或"风险金"，违反了国家关于劳动关系当事人平等、自愿和协商一致建立劳动关系的规定，侵害了员工的合法权益，必须予以制止。对擅自收取抵押金（品）的，劳动部门应责令企业立即退还本人，这一规定同样适用于国有企业和集体所有制企业。

根据有关规定，企业不得向职工收取货币、实物等作为"入厂押金"，也不得扣留或者抵押职工的居民身份证、暂住证和其他证明个人身份的证件。对擅自扣留、抵押职工居民身份证等证件和收取押金（品）的，公安部门、劳动监察机构应责令企业立即退还职工本人。如果违反，收取"押金"最高可罚2000元。根据规定，用人单位以担保等名义向劳动者收取财物，由劳动行政部门责令限期退还劳动者本人，并以每人500元以上2000元以下标准处罚。

6. 用人单位违反劳动合同规定给员工造成损害的如何赔偿？

用人单位违反劳动合同规定的，应给予员工一定赔偿。

（1）用人单位故意拖延不订立劳动合同，即招用后故意不按规定订立劳动合同以及劳动合同到期后故意不及时续订劳动合同的；

（2）由于用人单位的原因订立无效劳动合同，或订立部分无效劳动合同的；

（3）用人单位违反规定或劳动合同的约定解除劳动合同的。

具体赔偿办法如下：

（1）造成劳动者工资收入损失的，按劳动者本人应得工资收入支付给劳动者，并加付应得工资收入25%的赔偿费用；

（2）造成劳动者劳动保护待遇损失的，应按国家规定补足劳动者的劳动保护津贴和用品；

（3）造成劳动者工伤、医疗待遇损失的，除按国家规定为劳动者提供工伤、医疗待遇外，还应支付劳动者相当于医疗费用25%的赔偿费用；

（4）造成女职工和未成年职工身体健康损害的，除按国家规定提供治疗期间的医疗待遇外，还应支付相当于同期医疗费用25%的赔偿费用；

（5）劳动合同约定的其他赔偿费用。

有上述情形之一，给劳动者造成损害的用人单位应赔偿劳动者损失。

7. 员工违约，要不要赔偿其培训费？

根据劳动和社会保障部有关规定，企业出资培训职工的培训费赔偿问题，按劳动合同的约定办理。需要赔偿的，其赔偿额按应为企业服务年限逐年递减的原则确定。由此可见，员工违约其培训费必须予以赔偿。

8. 老板违约或期满后员工不再签订合同，其培训费是否需要赔偿？

《劳动合同法》第二十三条规定："劳动合同期满或者当事人约定的劳动合同终止条件出现，劳动合同即行终止。"劳动合同是双方在平等自愿、协商一致的原则下签订的，员工在劳动合同期满后，有权利决定是否再签订劳动合同，这是员工应有的权利，老板不能强制。既然双方在合同期内都履行了各自的权利与义务，老板不能向员工提出培训费的赔偿。如果企业违约，员工的培训费也就不需要赔偿了。

9. 什么是集体合同？

集体合同又称劳动协约、团体协约、集体协约或联合工作合同，是企业与工会签订的以劳动条件为中心内容的书面集体协议。集体合同与劳动合同不同，它不规定劳动者个人的劳动条件，而规定劳动者的集体劳动条件，一般适用于企业行政（或企业主）和全体工人、职员，也有的适用于企业行政（或企业主）和参加签订集体合同的工会成员。

集体合同是指企业职工一方与用人单位就劳动报酬、工作时间、休息休假、劳动安全卫生、保险福利等事项，通过平等协商达成的书面协议。集体合同实际上是一种特殊的劳动合同，又称团体协约、集体协议等，是指工会或者职工推举的职工代表代表职工与用人单位依照法律法规的规定就劳动报酬、工作条件、工作时间、休息休假、劳动安全卫生、社会保险福利等事项，在平等协商的基础上进行协商谈判所缔结的书面协议。

《劳动合同法》第五十一条规定：企业职工一方与用人单位通过平等协商，可以就劳动报酬、工作时间、休息休假、劳动安全卫生、保险福利等事项订立集体合同。集体合同草案应当提交职工代表大会或者全体职工讨论通过。集体合同由工会代表企业职工一方与用人单位订立；尚未建立工会的用人单位，由上级工会指导劳动者推举的代表与用人单位订立。可见，作为一种契约关系，集体合同是集体协商的结果。

第二节 劳动保障与待遇

1. 员工工伤假和产假期间工资如何支付？

职工因工伤，在医疗期间，工资照发。

女职工产假（包括流产假）期间工资照发，并且不得在女性怀孕期、产期、哺乳期降低其工资。

2. 员工事假期间工资如何支付？

劳动和社会保障部规定：职工本人结婚或职工的直系亲属死亡，由本单位行政领导批准酌情给予1—3天的婚丧假。如结婚双方不在同一地工作，一方需要到对方地点结婚，应另外给予路程假。直系亲属在外地死亡需要本人前去料理的，可根据路程远近，另给予路程假。在批准的婚丧假和路程假期间，职工的工资照发。对企业职工的一般事假，由于职工在进行加班加点工作时，可以享受加班加点工资待遇，所以，一律不发给工资。对企业的行政管理人员、工程技术人员，由于他们不享受加班加点工资待遇，所以，这些人员请事假每一季度在两个工作日以内的，工资照发，超过天数的不计发工资。

机关、事业单位的职工请事假的，工资照发。

3. 延长工作时间的工资如何支付？

（1）在法定工作日的标准时间以外延长工作时间的，支付不低于本人工资标准的150%的工资报酬；

（2）在休息日安排工作而又不能安排补休的，支付不低于本人工资标准的200%的工资报酬；

（3）法定休假节日（如元旦、春节、国际劳动节、国庆节等）安排工作的，支付不低于本人工资标准的300%的工资报酬。

4. 员工患有职业病后可以享受哪些待遇？

根据卫生部（1987）卫防字第60号文件第4条的规定，职业病诊断应按《职业病诊断管理办法》及其有关规定执行。职业病必须由市地级以上的职业病医院确定或做出诊断。

职业病一经确诊后，根据其职业病诊断证明和劳动能力的丧失程度，在患者治疗和休养期间以及医疗后被确定为残废或治疗无效而死亡的，均按现行因工待遇处理。

5. 因工受伤的员工可享受哪些待遇？

根据劳动和社会保障部《职工工伤保险试行办法》关于"工伤保险待遇"的规定，职工因工伤可根据其工伤的情形，主要享受以下待遇：

（1）享受工伤医疗待遇；

（2）根据工伤程度，享受工伤医疗费；

（3）享受工伤津贴；

（4）需要护理的按月发给护理费；

（5）残疾的或者死亡的，享受相应的待遇。

6. 用人单位通过什么途径解决与员工发生的劳动争议？

《劳动合同法》第十八条规定："劳动合同对劳动报酬和劳动条件等标准约定不明确，引发争议的，用人单位与劳动者可以重新协商；协商不成的，适用集体合同规定；没有集体合同或者集体合同未规定劳动报酬的，实行同工同酬；没有集体合同或者集体合同未规定劳动条件等标准的，适用国家有关规定。"

综上所述，劳动者一旦与用人单位发生劳动争议后，可以采取以下途径处理：

（1）协商。劳动者与用人单位在平等、公平、自愿、合法的前提下，可以自行协商处理。

（2）申请调解。劳动者可以向本单位劳动仲裁委员会申请调解。

（3）仲裁。如果没有达成调解协议或者劳动者拒绝调解而要求仲裁的，可以申请仲裁。如果劳动者不愿意由劳动仲裁委员会调解，或者本单位没有劳动仲裁委员会的，劳动者可以直接向劳动仲裁委员会申请仲裁。

（4）起诉。如果劳动者对劳动仲裁委员会的裁决不服，可以向人民法院提起诉讼。

在此需要说明的是，劳动仲裁委员会的调解不是劳动争议处理的必经程序，当事人一方可以直接申请仲裁，但申请仲裁是必须程序，人民法院只有在当事人对仲裁裁决不服时，才受理诉讼。

第六章　物权房产

2007年3月16日第十届全国人民代表大会第五次会议通过了《中华人民共和国物权法》，它是为了维护国家基本经济制度，维护社会主义市场经济秩序，明确物的归属，发挥物的效用，保护权利人的物权而制定的。在我们的日常生活中，房产作为物权是最直接的表现形式，最受到人们的关注。与房产相关的拆迁、买卖、过户等法律问题关系每个人的切身利益，我们应该懂得相关法律，运用相关法律，保护自己的权利。

第一节　城市房屋拆迁

1. 什么是城市房屋拆迁？

所谓城市房屋拆迁，是指建设单位或个人根据城市建设规划要求和政府所批准的用地文件，在取得拆迁许可证的情况下，拆除和迁移用地范围内的房屋及其他设施，并对被拆迁人实施补偿和安置的法律行为。

2. 什么是拆迁人和被拆迁人？

根据《城市房屋拆迁管理条例》第四条的规定："拆迁人应当依照本条例的规定，对被拆迁人给予补偿、安置；被拆迁人应当在搬迁期限内完成搬迁。本条例所称拆迁人，是指取得房屋拆迁许可证的单位。本条例所称被拆迁人，是指被拆迁房屋的所有人。"

3. 什么是房屋拆迁主管部门？其负有怎样的法律责任？

《城市房屋拆迁管理条例》第五条规定，国务院建设行政主管部门对全国城市房屋拆迁工作实施监督管理。

县级以上地方人民政府负责管理房屋拆迁工作的部门（以下简称房屋拆迁管理部门）对本行政区域内的城市房屋拆迁工作实施监督管理。县级以上地方人民政府有关部门应当依照本条例的规定，互相配合，保证房屋拆迁管理工作的顺利进行。

县级以上人民政府土地行政主管部门依照有关法律、行政法规的规定，负责与城市房屋拆迁有关的土地管理工作。

房屋拆迁主管部门可具有以下职责：

（1）贯彻执行关于房屋拆迁管理的法律、法规、规章和规范性文件；

（2）负责本辖区内的房屋拆迁审批和填发房屋拆迁许可证工作；

（3）调处、裁决房屋拆迁纠纷；

（4）监督、检查房屋拆迁活动；

（5）建立、健全房屋拆迁档案制度；

（6）处罚违反城市房屋拆迁管理规定的行为；

（7）其他法律规定由房屋拆迁主管部门行使的职责。

同时，根据《城市房屋拆迁管理条例》第三十八条规定，县级以上地方人民政府房屋拆迁管理部门违反《城市房屋拆迁管理条例》规定核发房屋拆迁许可证以及其他批准文件的，核发房屋拆迁许可证以及其他批准文件后不履行监督管理职责的，或者对违法行为不予查处的，对直接负责的主管人员和其他直接责任人员依法给予行政处分；情节严重，致使公共财产、国家和人民利益遭受重大损失，构成犯罪的，依法追究刑事责任。

4. 城市房屋拆迁的程序是怎样规定的？

根据《城市房屋拆迁管理条例》的规定，城市房屋拆迁的程序如下：

（1）调查核实，编制拆迁计划

开发建设单位获取土地使用权后，首先要到派出所、房管站抄录用地范围内的常住人口以及全部房产情况，按表格逐一登记，并丈量核查。应成立拆迁小组，逐户走访，全面摸清要求，分类做好记录。而后，根据调查核实的情况和国家、地方有关拆迁补偿、安置规定，具体分析被拆迁人的情况，从而编制拆迁计划和拆迁方案。

（2）申请房屋拆迁许可证

任何单位或者个人需要拆迁房屋，必须持国家规定的批准文件、拆迁计划和拆迁方案，向县级以上人民政府房屋拆迁主管部门提出拆迁申请，经批准并发给房屋拆迁许可证后，方可拆迁。房屋拆迁需要变更土地使用权的，必须依法取得土地使用权。实施房屋拆迁不得超越经批准的拆迁范围和规定的拆迁期限。

申请领取房屋拆迁许可证的，应当向房屋所在地的市、县人民政府房屋拆迁管理部门提交下列资料：

①建设项目批准文件；

②建设用地规划许可证；

③国有土地使用权批准文件；

④拆迁计划和拆迁方案；

⑤办理存款业务的金融机构出具的拆迁补偿安置资金证明。

市、县人民政府房屋拆迁管理部门应当自收到申请之日起30日内，对申请事项进行审查；经审查，对符合条件的，颁发房屋拆迁许可证。

（3）发布房屋拆迁公告

房屋拆迁管理部门在发放房屋拆迁许可证的同时，应当将房屋拆迁许可证中载明的拆迁人、拆迁范围、拆迁期限等事项，以房屋拆迁公告的形式予以公布。房屋拆迁管理部门和拆迁人应当及时向被拆迁人做好宣传、解释工作。

（4）签订拆迁补偿、安置协议

根据《城市房屋拆迁管理条例》第十三条之规定，拆迁人与被拆迁人应当依照本条例的规定，就补偿方式和补偿金额、安置用房面积和安置地点、搬迁期限、搬迁过渡方式和过渡期限等事项，订立拆迁补偿安置协议。拆迁租赁房屋的，拆迁人应当与被拆迁人、房屋承租人订立拆迁补偿安置协议。拆迁补偿、安置协议应包括以下内容：补偿形式、补偿金额、应安置的人员；安置用房面积和安置地点；搬迁过渡方式、过渡期限；违约责任；当事人认为需要订立的其他内容。

房屋拆迁管理部门代管的房屋需要拆迁的，拆迁补偿安置协议必须经公证机关公证，并办理证据保全。

拆迁补偿安置协议订立后，被拆迁人或者房屋承租人在搬迁期限内拒绝搬迁的，拆迁人可以依法向仲裁委员会申请仲裁，也可以依法向人民法院起诉。诉讼期间，拆迁人可以依法申请人民法院先予执行。

拆迁人与被拆迁人或者拆迁人、被拆迁人与房屋承租人达不成拆迁补偿安置协议的，经当事人申请，由房屋拆迁管理部门裁决。房屋拆迁管理部门是被拆迁人的，由同级人民政府裁决。裁决应当自收到申请之日起30

日内做出。当事人对裁决不服的，可以自裁决书送达之日起3个月内向人民法院起诉。拆迁人依照本条例规定已对被拆迁人给予货币补偿或者提供拆迁安置用房、周转用房的，诉讼期间不停止拆迁的执行。

被拆迁人或者房屋承租人在裁决规定的搬迁期限内未搬迁的，由房屋所在地的市、县人民政府责成有关部门强制拆迁，或者由房屋拆迁管理部门依法申请人民法院强制拆迁。

实施强制拆迁前，拆迁人应当就被拆除房屋的有关事项，向公证机关办理证据保全。

（5）房屋的拆迁

拆迁人应当在房屋拆迁许可证确定的拆迁范围和拆迁期限内，实施房屋拆迁。需要延长拆迁期限的，拆迁人应当在拆迁期限届满15日前，向房屋拆迁管理部门提出延期拆迁申请；房屋拆迁管理部门应当自收到延期拆迁申请之日起10日内给予答复。

拆迁人可以自行拆迁，也可以委托具有拆迁资格的单位实施拆迁。房屋拆迁管理部门不得作为拆迁人，不得接受拆迁委托。

拆迁人委托拆迁的，应当向被委托的拆迁单位出具委托书，并订立拆迁委托合同。拆迁人应当自拆迁委托合同订立之日起15日内，将拆迁委托合同报房屋拆迁管理部门备案。被委托的拆迁单位不得转让拆迁业务。

拆迁范围确定后，拆迁范围内的单位和个人，不得进行下列活动：

①新建、扩建、改建房屋；

②改变房屋和土地用途；

③租赁房屋。

房屋拆迁管理部门应当就上述所列事项，书面通知有关部门暂停办理相关手续。暂停办理的书面通知应当载明暂停期限。暂停期限最长不得超过一年；拆迁人需要延长暂停期限的，必须经房屋拆迁管理部门批准，延长暂停期限不得超过一年。

拆迁中涉及军事设施、教堂、寺庙、文物古迹以及外国驻华使（领）馆房屋的，依照有关法律、法规的规定办理。

尚未完成拆迁补偿安置建设项目转让的，应当经房屋拆迁管理部门同意，原拆迁补偿安置协议中有关权利、义务随之转移给受让人。项目转让人和受让人应当书面通知被拆迁人，并自转让合同签订之日起30日内予以公告。

拆迁人实施房屋拆迁的补偿安置资金应当全部用于房屋拆迁的补偿安

置，不得挪作他用。

县级以上地方人民政府房屋拆迁管理部门应当加强对拆迁补偿安置资金使用的监督。

房屋拆迁管理部门应当建立、健全拆迁档案管理制度，加强对拆迁档案资料的管理。

5. 房屋拆迁补偿对象是怎样规定的？

《城市房屋拆迁管理条例》第二十二条第一款规定："拆迁人应当依照本条例规定，对被拆迁人给予补偿。"因此，房屋拆迁补偿的对象是被拆迁房屋的所有人，习惯上又称之为产权人，其中包括两类代管人：一类是私有房屋代管人，即私房的产权人不在本地或者由于其他特殊原因委托的全权代理人；另一类是国家授权的国有房屋及其附属物的管理人，即房地产管理部门。国家保护产权人房屋的合法权益。所以，所有人要求拆迁人对拆除房屋造成的损失给予补偿是他们的法定权利，拆迁人对所有人进行补偿是他们的法定义务。

6. 房屋拆迁补偿的方式是怎样规定的？

《城市房屋拆迁管理条例》第二十三条规定："拆迁补偿的方式可以实行货币补偿，也可以实行房屋产权调换。除本条例第二十五条第二款、第二十七条第二款规定的外，被拆迁人可以选择拆迁补偿方式。"可见，房屋拆迁的法定补偿方式有两种，即货币补偿和产权调换。

（1）货币补偿

所谓货币补偿，是指拆迁人与被拆迁人进行协商，将拆迁房地产及其附属物作价，由拆迁人支付货币现金换取被拆迁人房屋的所有权。货币补偿后，拆迁人不再另行拨付房屋给被拆迁人。

根据《城市房屋拆迁管理条例》第二十四条规定："货币补偿的金额，根据被拆迁房屋的区位、用途、建筑面积等因素，以房地产市场评估价格确定。具体办法由省、自治区、直辖市人民政府制定。"第二十五条规定："实行房屋产权调换的，拆迁人与被拆迁人应当按照本条例第二十四条的规定，计算被拆迁房屋的补偿金额和所调换房屋的价格，结清产权调换的差价。"根据上述规定，货币补偿、产权调换都要考虑到房屋的区位、用途、建筑面积等因素。此外，《城市房屋拆迁管理条例》在确定了新的补偿标准的同时，取消了原《条例》将户口因素作为确定安置面积的标准的规定。

(2) 产权调换

所谓产权调换是指拆迁人用易地或者再建设的房屋与被拆迁人的房屋进行交换，被拆迁人原来的房屋被拆除后仍然保留相应房屋的产权。在实践中，产权调换大量存在，而建设单位一般乐于采用货币补偿的方式，而不愿意实行产权调换。尤其是对于拥有产权较多的单位和个人，实行产权调换将影响建设单位的余房率，对房屋开发的经营会产生一定影响。

根据规定，实行房屋产权调换的，拆迁人与被拆迁人应当依照《城市房屋拆迁管理条例》第二十四条的规定，计算被拆迁房屋的补偿金额和所调换房屋的价格，结清产权调换的差价。拆迁非公益事业房屋的附属物，不作产权调换，由拆迁人给予货币补偿。

(3) 补偿形式的选择

根据《城市房屋拆迁管理条例》第二十三条规定，拆迁补偿的方式可以实行货币补偿，也可以实行房屋产权调换。除《城市房屋拆迁管理条例》第二十五条第二款、第二十七条第二款规定的外，被拆迁人可以选择拆迁补偿方式。

第二十五条第二款规定，拆迁非公益事业房屋的附属物，不作产权调换，由拆迁人给予货币补偿。第二十七条第二款规定，被拆迁人与房屋承租人对解除租赁关系达不成协议的，拆迁人应当对被拆迁人实行房屋产权调换。产权调换的房屋由原房屋承租人承租，被拆迁人应当与原房屋人承租人重新订立房屋租赁合同。

7. 房屋共有人在选择补偿形式时发生矛盾怎么办？

共有分为按份共有和共同共有；按份共有人按照各自的份额，对共有财产分享权利、分担义务；共同共有人对共有财产享有权利、承担义务。

对于按份共有，其份额已确定；对于共同共有，在共有关系终止前没有份额分割，共有关系终止后，有协议的应按协议分割，没有协议的应当推定平均分割。因此，在房屋拆迁补偿过程中，共有人在选择补偿形式发生争议时，也可按下述原则处理。即，按《民法通则》第七十八条关于"共有"的规定确定每个共有人所享有的共有份额。在确定了每个共有人所享有的份额之后，要求作价补偿的共有人按其所享有的份额实行货币补偿，要求产权调换的共有人按所享有的共有份额实行产权调换。

根据最高人民法院《关于贯彻执行〈中华人民共和国民法通则〉若干

问题的意见（试行）》第九十二条规定，共同共有财产分割后，一个或数个原共有人出卖自己分得的财产时，如果出卖的财产与其他原共有人分得财产属于一个整体或者配套使用，其他原共有人主张优先购买权的，应当予以支持。此外，《民法通则》第七十八条第三款规定，按份共有财产的每个共有人有权要求将自己的份额分出或转让，但出售时，其他共有人在同等条件下，有优先购买的权利。因此，不论房屋的共有人是按份共有还是共同共有，同时要求产权调换的共有人有权优先购买要求货币补偿共有人所享有的份额。

8. 拆迁违章建筑和临时建筑怎样补偿？

根据《城市房屋拆迁管理条例》第二十二条第二款的规定，拆除违章建筑和超过批准期限的临时建筑，不予补偿；拆除未超过批准期限的临时建筑，应当给予适当补偿。

所谓违章建筑是指没有经过有关部门批准或超越批准范围建设的房屋及其附属物；临时建筑是指为暂时的目的而修建的房屋及其附属物。因此，对于违章建筑，应责令其限期拆除，建筑人无权要求拆迁补偿；对于临时建筑要分两种情况：

（1）超过批准期限的临时建筑物应当自行拆除，不予补偿；

（2）未超过批准期限的临时建筑给予适当补偿。

9. 拆迁公益事业房屋怎样补偿？

所谓公益事业用房是指用于公益事业、不以营利为目的的房屋及其附属物，一般包括市政基础设施和文教、卫生、体育设施以及公共福利性单位、非生产性事业单位使用的房屋及其附属物。根据《城市房屋拆迁管理条例》第二十六条规定，拆迁公益事业用房的，拆迁人应当依照有关法律、法规的规定和城市规划的要求予以重建，或者给予货币补偿。

10. 非公益事业房屋附属物的拆迁怎样补偿？

《城市房屋拆迁管理条例》第二十五条第二款规定，拆迁非公益事业房屋的附属物，不作产权调换，由拆迁人给予货币补偿。对于非公益事业房屋附属物的拆迁补偿，不同于一般房屋的拆迁补偿可以于两种补偿方式中选一而为补偿，不能作产权调换，而只能采取作价的货币结算补偿方式。

11. 拆迁产权不明的房屋怎样补偿？

有产权纠纷的房屋是指房屋产权关系存在着争议，产权人还没有确定的房屋。房屋拆迁时，如果产权人尚处于不确定的状态，就无法签订拆迁补偿协议，但拆迁工作仍要进行，这就要求产权纠纷人应该在房屋拆迁主管部门公布的规定期限内尽快地解决产权纠纷，以便拆迁工作顺利进行。《城市房屋拆迁管理条例》第二十九条规定，拆迁产权不明确的房屋，拆迁人应当提出补偿安置方案，报房屋拆迁管理部门审核同意后实施拆迁。拆迁前，拆迁人应当就被拆迁房屋的有关事项向公证机关办理证据保全。由此要解决这一问题，应当注意以下两点：

第一，拆迁人提出的拆迁补偿安置方案必须经县级以上人民政府房屋拆迁主管部门批准，拆迁人方可实施房屋拆迁。由于产权人未确定，拆迁人单独提出补偿安置方案，为保护房屋产权人的利益，补偿安置方案须经有关机关批准才能生效，拆迁人才能实施房屋拆迁。

第二，房屋拆迁前，房屋拆迁主管部门应当组织拆迁人对被拆迁房屋做勘察记录，并向公证机关办理证据保全后，拆迁人方可实施房屋拆迁。

12. 设有抵押权的房屋拆迁怎样补偿？

设有抵押权的房屋是指在抵押法律关系中作为抵押标的物的房屋。此类房屋的拆除必然涉及房屋的抵押权人的抵押权实现与否的问题，为了保护抵押权人的利益，《城市房屋拆迁管理条例》第三十条规定：拆迁设有抵押权的房屋，依照国家有关担保的法律执行。

一般而言，对设有抵押权的房屋进行产权调换时，应当注意以下两点：

（1）抵押人和抵押权人应当就产权调换后的房屋作为抵押物重新签订抵押合同。《中华人民共和国担保法》第五十八条规定，抵押因抵押物灭失而消灭。房屋拆迁，原先设有抵押权的房屋被拆除，抵押权随之消灭。但房屋拆迁不能损害当事人的利益，对此应当加以补救，所以抵押人要与抵押权人就产权调换后的房屋作为抵押标的物达成抵押协议，否则，拆迁人不与抵押人签订补偿协议。

（2）在房屋拆迁主管部门公布的规定期限内抵押人与抵押权人达不成抵押协议的，由拆迁人提出补偿安置方案，报县级以上人民政府房屋拆迁主管部门批准后，实施拆迁。拆迁前房屋拆迁主管部门应当组织拆迁人对被拆除房屋做勘察记录,并向公证机关办理证据保全。

房屋拆迁时,如果抵押人选择货币补偿形式的,应当首先由抵押权人和抵押人协商重新设立抵押权或者应当先由抵押人偿还所担保的债务,然后才能领取补偿金;如果抵押人和抵押权人不能重新签订抵押协议或者抵押人无力先清偿所担保的债务,拆迁人有权暂不支付拆除补偿金。《中华人民共和国担保法》第五十八条规定,抵押权因抵押物灭失而消灭,因灭失所得的赔偿金,应当作为抵押财产。依据这一规定,房屋拆迁时,如果抵押人选择作价补偿,原先设立的抵押权就会因抵押物的灭失而消灭,但如果抵押人因为抵押物灭失所得到的补偿金,亦应作为抵押财产,抵押权此时并未消灭,仍及于补偿金上。

13. 拆迁非住宅房屋造成停产、停业的怎样补偿?

《城市房屋拆迁管理条例》第三十二条规定,因拆迁非住宅房屋造成停产、停业的,拆迁人应当给予适当补偿。具体补偿标准法律没有规定。

第二节　商品房买卖

1. 什么是商品房预售与商品房现售?

2001年4月4日颁布的《商品房销售管理办法》第三条规定,商品房销售包括商品房现售和商品房预售。

商品房现售,是指房地产开发企业将竣工验收合格的商品房出售给买受人,并由买受人支付房价款的行为。

商品房预售,是指房地产开发企业将正在建设中的商品房预先出售给买受人,并由买受人支付定金或者房价款的行为。

商品房现售与预售是根据标的物状态的不同而区分的,现售对象是已经竣工验收合格的商品房,预售对象是正在建设中尚未竣工的商品房。将商品房销售进行分类,主要目的是为了便于根据现售与预售的不同,进行分类管理。商品房预售,销售行为比较普遍,由于实践中出现的问题比较多,因此,在《房地产法》及《房地产开发经营管理条例》中对预售条件及预售许可制度等进行了规定,但对现房销售,无论是《房地产法》还是

《房地产开发经营管理条例》都未做规定。为此,《商品房销售管理办法》将现售和预售分开,对预售的条件、预售许可等内容以及执行已经发布的法律、法规,对现房销售条件,做了明确规定。

2. 什么是内销商品房与外销商品房?

(1) 内销商品房

内销商品房指房地产开发经营公司向国内特定单位和个人出售的商品房。例如北京市规定,内销商品房指向中央驻京单位、北京市单位和个人、外省驻京办事处和联络处出售的商品房。其他各省都规定内销商品房不得向省外的个人出售。房地产开发企业在对内销商品房上市买卖前,须办理"内销许可证",只有办理了"内销许可证"而销售商品房才是合法有效的买卖。

内销商品房的交易程序包括以下几个步骤:

①签署认购书。购房者选中一处房产后,应先与开发商或代理商签订认购书。认购书不是正式的购房合同,只是购房意向书,认购书只简要描述所购房产的地点、面积、价款和房号等。但是,认购书中规定有签订正式房产买卖合同的时间,且认购人应交付定金。因此,认购书不同于一般的认购意向书。

②签订正式房产买卖合同。按照认购书规定的时间,买卖双方签订正式买卖合同。购房人可向律师就有关房产买卖的法律问题进行咨询,或者委托律师代理签订,同时,也可以对有关条款进行修改。签订正式买卖合同,买卖双方可以提交公证机关予以公证,或者请律师进行见证。

③办理预售预购登记手续。房产买卖合同签订后,并不马上发生法律效力。买卖双方应在预售合同签订后 30 天内,到房产登记管理部门办理预售预购登记后,买卖合同才能生效。

④立契过户。房屋竣工验收合格后,自房屋交付使用之日起 30 天内,买卖双方应持买卖合同到房产交易所办理过户手续。买卖双方须各交纳金额为房价款 1% 的交易手续费。买方还须按房价款的 4% 交纳契税。

⑤办理房产产权证。房屋立契过户后,买卖双方须到房产管理机构办理登记手续,领取产权证书。领取产权证书后,房产交易的程序才最后完成。

(2) 外销商品房

外销商品房指房地产开发经营公司建造的可向国内外和港、澳、台的企业、其他组织和个人销售的房屋。这种商品房，国内个人一般不能购买，如需购买，须经市以上人民政府批准。房地产开发企业在这种商品房上市前，须办理"外销许可证"，购房者只有购买有"外销许可证"的外销商品房才是合法有效买卖。

购置外销商品房的程序如下：

①签订认购书。通过代理商举办的销售展示会、售楼广告等途径了解有关房屋信息后，业主可与代理商签订认购书，并交付定金。认购书的主要内容包括：认购方、卖方，即发展商和销售代理商的基本情况，包括姓名或名称、住址、电话、证件种类、号码等；认购物业：户型、面积等；房价：单位价格、总价；付款方式：一次付款、分期付款、按揭付款；其他事项：如签约时间、地点、账户等。

②签订正式买卖合同。签订买卖合同是购房中最重要的一环。应参照有关单位下发的合同示范文本签订。业主应对合同的每一条款逐句审查、询问，同时可向律师进行咨询，聘请律师审查合同文本，代理签订合同。

③预售预购登记。只有办完预售、预购登记后合同才生效。签约后30日内，买卖双方应到房管单位办理预售预购登记。

④签订物业管理公约。入住前，买方必须与物业管理公司签订物业管理公约，交纳维修基金及各种费用。

⑤办理产权过户，领取产权证，入住商品房。买卖双方应到房屋登记管理机关办理产权过户手续。买方领取产权证后，即可入住。

3. 销售商品房具备的法律证书（五证）有哪些？

一般来讲，房地产商在销售商品房时应具备"五证""二书"。"五证"包括《国有土地使用证》《建设用地规划许可证》《建设工程规划许可证》和《商品房预售许可证》或《商品房销售许可证》，如果购买的是期房，开发商至少应具备《国有土地使用证》和《商品房预售许可证》。"二书"是指房地产商在向客户销售新建的商品房时，必须提供《住宅质量保证书》和《住宅使用说明书》。购房者在购房前应明确所购房产是否为有关部门审核的合法项目，是否为交易中心认可的房地产项目的房屋。

购房者在购房时，不仅要查验开发商是否具有《商品房销售许可证》，而且需注意以下事项：

（1）许可证上的售方单位名称与购房者签订的购房合同的销售方名称是否一致；

(2) 购买的房屋是否在商品房销售许可证允许的范围之内,二者如有出入,所购房屋将无法办理产权;

(3) 应查验《商品房销售许可证》原件,以防开发企业利用复印件欺骗消费者。

4. 预售商品房的产权怎样过户?

根据《城市房地产管理法》第六十条和《城市房屋产权产籍管理暂行办法》第六条的规定,预售商品房建成后,开发商应持土地使用权证书到县级以上人民政府房产管理部门申请产权登记,房产管理部门核实后颁发房屋所有权证书。然后,由买卖双方持预售合同到县以上人民政府房产管理部门办理房产立契过户手续,买方应交纳契税和变更手续费。而后买卖双方凭变更后的房屋产权证书向同级人民政府土地管理部门申请土地使用权变更登记,经土地管理部门核实,由同级人民政府变更土地使用权证书。至此,买方取得了"两权证书"(即房产所有权证书和土地使用权证书),商品房的产权转移给了购买者。

5. 预售人转让房地产项目的怎样处理?

根据《城市房地产开发管理暂行办法》的规定,已经预售商品房的,预售人转让该房地产开发项目,项目转让人、项目受让人、商品房预购人三方应当签订原商品房预售合同的补充合同。原商品房预售合同由项目受让人继续履行。此外,项目转让人、项目受让人应当在补充合同签订之日起15日内,持补充合同到主管部门备案并办理有关变更手续。

6. 购买预售商品房有哪些注意事项?

购买预售的商品房对购房者来说存在很大的风险,因此,在购房时应对以下情况进行详细了解,以增强自我保护能力,减少风险。

(1) 了解房屋建设基地是否落实,开发商是否交付了全部土地使用权出让金并取得土地使用权证书。房地产开发商只有支付了全部土地使用权出让金并取得土地使用权证书后,其建造的房屋才可进行交易。

(2) 建设项目的建设工程规划是否已得到有关部门批准,是否取得了建设工程规划许可证并按工程规划许可证进行建设。《城市规划法》规定,建设单位和个人只有经城市规划行政主管部门核准颁发建设工程规划许可证后,方可申请办理开工手续。房地产开发商如未取得建设工程规划许可证或者不按照建设工程规划许可证进行建设的房屋属于违章建筑，购买这样的商品房不受法律保护。

（3）开发商是否持有商品房预售许可证。《城市房地产管理法》规定，商品房预售人应当按照国家有关规定将预售合同报县级以上人民政府房产管理部门办理预售登记，取得商品房预售许可证明。没有取得预售许可证的在建房屋不能上市销售。

（4）住宅的施工图是否已设计完成，施工单位是否落实。购房者要注意考察施工单位的施工能力、企业的资质和业务范围，以前兴建的房屋质量、售后服务状况，有无不良债务纠纷和诉讼，企业财务状况、知名度和规模等。

（5）房屋的开工日期、施工进度和竣工日期是否已确定。

（6）了解商品房周边环境。周边环境不仅影响房屋价格，同时对居住者的生活是否方便产生影响，因此，购房时应了解周边环境，如交通状况、通信条件、附属机构，如幼儿园、学校、医院是否齐全以及环境污染是否严重。

（7）明确税费负担。商品房预售时应交纳的税费包括土地增值税、契税、印花税、所得税、登记管理费、权证费等，购房者在签订预售合同时，应明确约定这些税费的分项。

7. 购买设有抵押权的商品房应注意哪些事项？

根据《商品房销售管理办法》规定，房地产开发企业销售设有抵押权的商品房，其抵押权的处理按照《中华人民共和国担保法》《城市房地产抵押管理办法》的有关规定执行。

目前，部分房地产开发企业在销售已设定抵押权的商品房，既不征得抵押权人同意，也不告知购买人该商品房已经设定抵押，既侵犯了抵押权人的权益，也侵害了购买人的利益。因为一旦作为抵押人的房地产开发企业经营不善或因其他原因无法及时解除抵押权时，抵押权人将依法处置抵押财产并优先受偿，这样购房人既得不到所购房屋，也很可能得不到已付购房款。

对于抵押物的处置，《担保法》《城市房地产抵押管理办法》已有规定。《担保法》第四十九条规定，抵押期间，抵押人转让已办理登记的抵押物的，应当通知抵押权人并告知受让人转让物已经抵押的情况；抵押人未通知抵押权人或者未告知受让人的，转让行为无效。《城市房地产抵押管理办法》第三十七条规定，经抵押人同意，抵押房地产可以转让或者出租。抵押房地产转让或者出租所得价款，应向抵押权人提前清偿所担保的债权。第四十八条规定，抵押人擅自以出售、出租、交换、赠予或者以其他方式处理或者处分抵押房地产的，其行为无效；造成第三人损失的，由抵押权人予以赔偿。

8. 什么是"一房多售"？

"一房多售"，是指房地产开发企业将同一商品房重复销售的行为。"一房多售"最多也只能有一个人得到房屋，其他购房人既得不到所购房屋，甚至有的购房人的购房款都难以退回，其实质是一种欺诈行为。对于"欺诈"行为的处理，相关的法律法规都有明确的规定，《商品房销售管理办法》第十条规定，房地产开发企业不得在未解除商品房买卖合同前，将作为合同标的物的商品房再行销售给他人。第三十九条规定在未解除商品房买卖合同前，将作为合同标的物的商品房再行销售给他人的，处以警告，责令限期改正，并处2万元以上3万元以下罚款；构成犯罪的，依法追究刑事责任。

从目前权属管理的规定看，已经办理房屋所有权登记过户手续的买受人将优先获得该房的所有权，而其他买受人只能依据买卖合同追究房地产开发企业的违约责任。

9. 商品房买卖合同的主要内容有哪些？

《商品房销售管理办法》规定，商品房买卖合同应当明确以下主要内容：

（1）当事人名称或者姓名和住所；
（2）商品房基本状况；
（3）商品房的销售方式；
（4）商品房价款的确定方式及总价款、付款方式、付款时间；
（5）交付使用条件及日期；
（6）装饰、设备标准承诺；
（7）供水、供电、供热、燃气、通信、道路、绿化等配套基础设施和公共设施的交付承诺和有关权益、责任；
（8）公共配套建筑的产权归属；
（9）面积差异的处理方式；

（10）办理产权登记有关事宜；

（11）解决争议的方法；

（12）违约责任；

（13）双方约定的其他事项。

10. 怎样变更和解除商品房买卖合同？

（1）房屋买卖合同的变更

房屋买卖合同的变更是指依法成立的房屋买卖合同尚未履行或尚未完全履行前，当事人就合同的内容进行变更和修改而达成的协议。合同变更必须是有效成立的合同，未成立或无效的合同不存在变更的问题。房屋买卖合同的变更一般要经双方同意，单方变更合同不发生法律效力。变更的内容，可能是房屋数量和质量的变更，也可以是履行的期限、地点和方式的变更，还可能是价款的变更。房屋买卖合同变更必须到房屋合同主管机关办理批准、变更登记手续。变更程序一经完成，当事人只能按新的协议所确定的权利义务履行合同。

（2）房屋买卖合同的解除

房屋买卖合同的解除，指依法成立的房屋买卖合同尚未履行或未完全履行之前，当事人依法提前终止合同关系的行为。房屋买卖合同的解除以有效成立的合同为对象，未成立或无效的合同不存在解除问题。发生下列情形之一的，合同当事人可依法解除合同：

①当事人双方协商同意，并且不因此损害国家、集体利益和第三人利益；

②由于不可抗力致使合同的义务不能全部履行；

③由于一方违约，致使合同不能履行或没有履行的必要，另一方可提出解除合同。

11. 商品房销售面积是怎样确定的？

《商品房销售面积计算及公用建筑面积分摊规则（试行）》规定了商品房面积的计算方法。

商品房销售以建筑面积为面积计算单位。建筑面积应按国家现行《建筑面积计算规则》进行计算。商品房整栋销售，商品房的销售面积即为整栋商品房的建筑面积（地下室作为人防工程的，应从整栋商品房的建筑面积中扣除）。商品房按"套"或"单元"出售，商品房的销售面积即为购房者所购买的套内或单元内建筑面积（以下统称套内建筑面积）与应分摊的公用建筑面积之和。商品房销售面积＝套内建筑面积＋分摊的公用建筑面积。

套内建筑面积由以下三部分组成：①套（单元）内的使用面积；②套内墙体面积；③阳台建筑面积。

套内建筑面积各部分的计算原则如下：

（1）套（单元）内的使用面积

住宅按《住宅建筑设计规范》（GBJ96－86）规定的方法计算。其他建筑，按照专用建筑设计规范规定的方法或参照《住宅建筑设计规范》计算。

（2）套内墙体面积

商品房各套（单元）内使用空间周围的维护或承重墙体，有共用墙及非共用墙两种。商品房各套（单元）之间的分隔墙、套（单元）与公用建筑空间之间的分隔墙以及外墙（包括山墙）均为共用墙，共用墙墙体水平投影面积的一半计入套内墙体面积。

非共用墙墙体水平投影面积全部计入套内墙体面积。

（3）阳台建筑面积

按国家现行《建筑面积计算规则》进行计算。

（4）套内建筑面积的计算公式为：

套内建筑面积＝套内使用面积＋套内墙体面积＋阳台建筑面积。

12. 商品房的公用建筑面积是怎样确定的？

公用建筑面积是指各产权主共同占有或共同使用的建筑面积。《商品房销售面积计算及公用建筑面积分摊规则（试行）》规定，公用建筑面积由以下两部分组成：

（1）电梯井、楼梯间、垃圾道、变电室、设备间、公共门厅和过道、地下室、值班警卫室以及其他功能上为整栋建筑服务的公共用房和管理用房建筑面积；

（2）套（单元）与公用建筑空间之间的分隔墙以及外墙（包括山墙）墙体水平投影面积的一半。

公用建筑面积计算原则一般为凡已作为独立使用空间销售或出租的地下室、车棚等，不应计入公用建筑面积部分。作为人防工程的地下室也不计入公用建筑面积。

公用建筑面积按以下方法计算：整栋建筑物的建筑面积扣除整栋建筑物各套（单元）套内建筑面积之和，并扣除已作为独立使用空间销售或出租的地下室、车棚及人防工程等建筑面积，即为整栋建筑物的公用建筑面积。

13. 商品房交付时间是怎样规定的？

根据规定，房地产开发企业应当按照合同约定，将符合交付使用条件的商品房按期交付给买受人。未能按期交付的，房地产开发企业应当承担违约责任。因不可抗力或者当事人在合同中约定的其他原因，需延期交付的，房地产开发企业应当及时告知买受人。

延期交房是目前房地产市场中普遍存在的现象，属于消费者投诉的热点问题。延期交房属于违约行为，会给买受人带来一系列的问题。因此，除了不可抗力或者当事人在合同中约定的其他原因需延期交付的外，房地产开发企业应当承担民事责任。为了更好地保护自己的权益，买受人一定要在商品房买卖合同中明确约定房地产开发企业延期交房的违约责任。

《合同法》第一百一十七条规定，因不可抗力不能履行合同的，根据不可抗力的影响，部分或者全部免除责任，但法律另有规定的除外。当事人迟延履行后发生不可抗力的，不能免除责任。当事人一方因不可抗力不能履行合同的，应当及时通知对方，以减轻可能给对方造成的损失，并应当在合同期限内提供证明。所谓不可抗力，是指不能预见、不能避免并不能克服的客观情况。另外，在目前的商品房买卖实践中，除了不可抗力因素外，还有一些其他特殊原因，既不属于不可抗力因素，也不属于房地产开发企业的主观因素，可能会造成房地产开发企业的延期交房，这类因素经双方约定后，也可免于承担违约责任。

14. 交付商品房与样板房有怎样的关系？

根据规定，房地产开发企业销售商品房时设置样板房的，应当说明实际交付的商品房质量、设备及装修与样板房是否一致，未做说明的，实际交付的商品房应当与样板房一致。

样板房是房地产开发企业为了便于购房者更好地了解所售房屋的户型、设备、装修情况而设立的。从理论上讲，样板房只是房地产开发企业为了更好地促销而采取的一种销售辅助手段，样板房并不完全等同于待售的商品房。但购房者作为买受人有知情权，因此，房地产开发企业在销售时必须向购房人说明。目前的销售实践中，由于销售人员、销售宣传资料的误导，往往使买受人认为"货就是板"，而到交付时才发现"货不对板"，从而引发纠纷。为此，《商品房销售管理办法》第三十一条规定，房地产开发企业销售商品房时设置样板房的，应当说明实际交付的商品房质量、设备及装修与样板房是否一致，未做说明的，实际交付的商品房应当与样板房一致。从更深层次上来说，这一规定有利于规范竞争秩序，为房地产开发企业的发展创造一个良好的市场环境，因而对房地产开发企业也是有益的。

15. 怎样办理商品房的权属登记？

《商品房销售管理办法》第三十四条规定，房地产开发企业应当在商品房交付使用前按项目委托具有房产测绘资格的单位实施测绘，测绘成果报房地产行政主管部门审核后用于房屋权属登记。房地产开发企业应当在商品房交付使用之日起60日内，将需要由其提供的办理房屋权属登记的资料报送房屋所在地房地产行政主管部门。房地产开发企业应当协助商品房买受人办理土地使用权变更和房屋所有权登记手续。

《开发条例》第三十三条规定，预售商品房的购买人应当自商品房交付使用之日起90日内，办理土地使用权变更和房屋所有权登记手续（即办理房屋产权证）；现售商品房的购买人应当自销售合同签订之日起90日内，办理土地使用权变更和房屋所有权登记手续。房地产开发企业应当协助商品房购买人办理土地使用权变更和房屋所有权登记手续，并提供必要的证明文件。《商品房销售管理办法》对《开发条例》的内容进行了细化，将90天分为两段，房地产开发企业必须在交付使用后60天内将需要由其提供的办理房屋权属登记的资料报送房屋所在地房地产行政主管部门，留30天由购房者办理权属登记手续。

就房地产开发企业而言，提供办理权属登记最难的是提供测绘资料。因此，《商品房销售管理办法》规定房地产开发企业应当在商品房交付使用前按项目委托具有房产测绘资格的单位实施测绘，测绘成果报房地产行政主管部门审核后用于房屋权属登记。需要说明的是，在商品房交付前已经实施了测绘，房地产管理部门认定后即可作为产权登记的依据。在购房者申请房屋登记时房地产管理部门不得再行要求测绘，重复收取测绘费。

16. 商品房主体质量有异议的如何处理？

根据规定，商品房交付使用后，买受人认为主体结构质量不合格的，可以依照有关规定委托工程质量检测机构重新核验。经核验，确属主体结构质量不合格的，买受人有权退房；给买受人造成损失的，房地产开发企业应当依法承担赔偿责任。

根据《开发条例》《质量条例》的相关规定精神，商品房交付使用后，购买人认为主体结构质量不合格的，可以申请重新核验，经核验，确属主体结构质量不合格的，买受人有权退房；给买受人造成损失的，房地产开发企业应当依法承担赔偿责任。这里面有两点要引起注意：

其一，只有工程主体结构不合格的，买受人才能退房。因为退房对于开发商而言，属于比较严重的制约措施，会给其带来较大损失，应当在其有重大过错时适用。当然，当事人或者法律法规对买受人退房另有规定的，从其规定。

其二，买受人所购商品房主体质量不合格的，买受人不但可以退房，而且可以就由此造成的损失要求房地产开发企业赔偿。当然，买受人不退房的，也可以要求房地产开发企业赔偿其损失。

其三，所谓工程质量检测机构，是指依法取得工程质量检测资格的机构。我国对工程质量检测机构实行资质管理制度，只有具有相应资质等级的工程质量检测机构，才能从事商品房主体结构质量核验工作，其核验结果才合法有效。

17. 公有房屋买卖应遵循哪些规定？

根据《城市公有房屋管理规定》的规定，买卖公有房屋应遵循以下各项规定：

（1）公有房屋的买卖，买卖双方必须持有房屋所在地城市人民政府规定的证明文件。任何单位或个人不得擅自买卖公有房屋。

（2）公有房屋买卖时，应当根据国家规定进行房地产价格评估。

（3）公有房屋买卖必须经过交易审核后，方可办理所有权登记。

（4）出售公有房屋所得价款应当按照国家有关规定使用。

（5）国有房屋实行有偿转让，不得无偿划拨，国家另有规定的除外。出售共有房屋时，房屋共有人有优先购买权。出售出租公有房屋时，承租人有优先购买权。

（6）公有房屋出售给外国人的，应当符合涉外房屋买卖的有关规定。

公有房屋的买卖必须由国家授权的单位或集体组织作为产权人依法进行，任何单位或个人都不得擅自买卖公有房屋，《城市公有房屋管理规定》第四十三条第六款规定了擅自买卖公房的法律责任：对擅自买卖公房的，经审查允许买卖的，由房屋所在地县级以上城市人民政府房地产行政主管部门责令其补办手续，缴纳税费，并对卖方处以买卖全额5%以下的罚款；经审查不允许买卖的，买卖合同无效，对卖方处以买卖全额10%以下的罚款；擅自买卖公房使用权的，买卖合同无效，没收其非法所得，并对卖方处以买卖全额20%以下的罚款。

18. 单位出售国有住房应注意些什么？

根据《国务院关于深化城镇住房制度改革的决定》和《关于加强出售国有住房资产管理的暂行规定》，单位出售国有住房，须注意：

（1）严格遵守国家城镇住房制度改革的有关政策、法规的规定，以防止国有资产流失；

（2）按照国家城镇住房制度改革的有关政策、法规的规定，经国有资产管理部门审核同意后，方能组织出售；

（3）坚持"先评估、后出售"的原则。应依据《城市房地产管理法》和《国有资产评估管理办法》的有关规定，由合法评估机构对出售的国有住房进行价格评估，并依法执行，不受行政干预。

19. 出售公有住房有哪些原则？

国务院《关于深化城镇住房制度改革的决定》规定，出售公有住房依据以下原则：

（1）城镇公有住房，除市（县）以上人民政府认为不宜出售的外，均可向城镇职工出售。

（2）坚持出售公有住房，职工购买自愿的原则。

（3）新建的公有住房和腾空的旧房实行先售后租，并优先出售给住房困难户。

（4）出售公有住房，坚持先评估后出售的原则。

20. 职工购买房改公房有哪些程序？

购买房改公房的职工须办理以下手续：

（1）购房人向售房单位提出购房申请；

（2）经售房单位审查同意后，由购房人与售房单位签订购房协议合同；

（3）购房人按规定向售房单位一次付清房款或分期付款；

（4）付款后，由买卖双方或由售房单位代理到房屋所在地房管部门办理过户登记手续，进行产权登记，领取房屋所有权证；

（5）申请贷款的购房人，在办理权属登记时，应同时提交抵押贷款协议（合同），并办理他项权利登记，在房屋所有权证上填注设定他项权利摘要，另发他项权证，交抵押权人存执。

根据国务院《关于深化城镇住房制度改革的决定》规定，职工购买公房可以一次付款，也可以分期付款。售房单位可对一次付款的购房职工给予一次付款折扣，折扣率参考当地购房政策性贷款利率与银行储蓄存款利率的差额以及分期付款的控制年限确定。实行分期付款的，首期付款不得低于实际售价的30%，分期付款的期限一般不超过10年，分期交付的部分要计收利息，单位不得贴息，利率按政策性抵押贷款利率确定。经办政策性住房金融业务的银行，应充分利用政策性住房资金，向购房职工提供政策性抵押贷款。

21. 私有房屋买卖程序是怎样规定的？

依据《城市房地产管理法》和《城市房地产转让管理规定》，公民进行私有房屋买卖时，须按下列程序办理转让手续：

（1）房地产转让当事人签订书面转让合同，私有房屋买卖的双方当事人应签订私有房屋买卖合同。

（2）私有房屋买卖双方当事人在私有房屋买卖合同签订后30日内持房地产权属证书、当事人的合法证明、买卖合同等有关文件向房地产所在地的房地产管理部门提出申请，并申报成交价格。

（3）房地产管理部门对提供的有关文件进行审查，并在15日内做出是否受理的书面答复。

（4）房地产管理部门核实当事人申报的成交价格，并根据需要对转让的房地产进行现场勘察和评估。

（5）私有房屋买卖当事人按照规定缴纳有关税费。

（6）房地产管理部门核发过户单。

22. 私有房屋买卖合同成立有哪些条件？

根据《民法通则》第五十五条的规定，民事法律行为应当具备下列条件：行为人具有相应的民事行为能力；意思表示真实；不违反法律或者社会公共利益。依此，房屋买卖行为的有效成立，须具备下述条件：

（1）房屋买卖双方当事人的主体资格合法

房屋买卖中的出卖人须具有售房资格。《城市私有房屋管理条例》第九条规定，买卖城市私有房屋，卖方须持房屋所有权证和身份证明，买方须持购买房屋证明信和身份证明，到房屋所在地房管机关办理手续。也就是说，买受房地产者也须符合规定。

（2）房屋买卖双方当事人的意思表示真实

根据《民法通则》第五十八条规定，一方以欺诈、胁迫的手段或者乘人之危，使对方在违背真实意思的情况下签订的房地产买卖合同或存在恶意串通，损害国家、集体或者第三人利益的情形以及房地产买卖合同显失公平的，为无效民事法律行为。

（3）房屋买卖合同的形式符合法律的规定

根据《民法通则》第五十六条规定，民事法律行为可以采取书面形式、口头形式或者其他形式。法律规定用特定形式的，应当依照法律规定。依照《城市房地产管理法》房屋买卖合同应当采取书面形式，并且须办理房屋买卖过户登记手续。未经登记的，法律不予保护。

23. 私有房屋买卖合同的主要内容有哪些？

房屋买卖合同一般应具备以下内容：

（1）买卖合同双方当事人，即买方和卖方的基本情况。

（2）标的，即买卖的房屋，包括房屋的类型、结构、面积；坐落地点、方位；新旧程度和质量标准等。

（3）房屋的价金及支付方式，房屋的价金，一般要由有关部门估价。房屋价款的支付，则由双方当事人约定是一次性付款，还是分期付款。并载明以人民币或某一特定外币支付房地产价金，一次性或分期支付及最后付清的期限；

（4）房屋交付时间及方法。

（5）产权登记及税费的负担。

（6）卖方的产权保证条款。

（7）违约责任。

（8）纠纷的解决。

（9）生效条件及其他必要条款。

24. 什么是按揭？

按揭一词来源于香港，是不动产抵押贷款的一种。住房按揭贷款是由发展商申请，请求银行或其他金融机构贷款给其客户，由购房者把自己所购的房产抵押给银行或其他金融机构，保证按期偿还贷款。在按揭贷款中，发展商与购房客户对贷款债务负无限连带责任，当买房者不能按期偿还贷款时，贷款方可请求发展商偿还全部贷款。

在按揭贷款中，存在贷款方、发展商和购房者三方主体，存在三种法律关系。购房者是发展商的购房客户，与发展商形成买卖关系。购房者与银行或其他金融机构签订借贷合同，形成借贷关系。发展商作为购房者的贷款担保人，与金融机构形成担保关系。

25. 个人住房按揭贷款与个人住房担保贷款有哪些区别？

"个人住房担保贷款"和"个人住房按揭贷款"不能混为一谈，二者既有相同之处也有区别。

个人住房担保贷款是指借款人以所购住房或者其他财产作抵押，或由第三人为其提供还款担保的贷款；个人住房按揭贷款是指购房人向房地产商先交部分房款，其余部分以所购住房为抵押，并由房地产商提供担保的贷款。

住房担保贷款与住房按揭贷款有以下三个相同点：一是借款人在银行的存款应达到购房总价款的30%以上，并以此作为购买住房的备付款；二是借款人必须具有偿还贷款本息的能力；三是具有购买住房的合同或协议等文件。

二者的区别可从以下几个方面来比较：

第一，从贷款投向上看，住房担保贷款多用于购买现房，购买期房的较少；而按揭贷款多用于购买期房、购买现房的较少。

第二，从抵押物上看，住房担保贷款的抵押物或质押物包括所购房屋、贷款人或担保人的其他不动产、有价证券、黄金珠宝等；住房按揭贷款则只能以所购房屋或楼花作为抵押，同时需要房地产商做担保或承诺，当购房者不能如期还贷时，向银行购回抵押权。

第三，从贷款发放方式上看，住房担保贷款实行一次性全额拨付的方式；按揭贷款则按照开发商的施工进度分期拨付，并由银行承担资金监督的责任。

第四，从债务关系上看，住房担保贷款只涉及银行与购房者两者之间的债权与债务关系；按揭贷款则涉及银行、购房者和房地产开发商三方。

第五，从分类上看，住房担保贷款可以分为抵押贷款、质押贷款、保证贷款和抵（质）押加保证贷款；按揭贷款仅类似于担保贷款中的抵押贷款，根据房屋是否竣工分为现楼按揭贷款和楼花按揭贷款两种。

第六，从银行所承担的风险来看，在住房担保贷款中，银行需要承担借款人不能如期还贷的风险；在按揭贷款中，银行不但要承担以上风险，还要承担楼花无法按期建成现楼的风险。

26. 个人住房按揭贷款程序是怎样规定的？

办理住房按揭贷款，应按以下步骤进行：

（1）开发商取得住房按揭贷款承诺

开发商取得住房按揭贷款承诺，是指开发商与按揭银行达成协议，按揭银行同意向开发商的客户办理住房按揭贷款。开发商取得按揭贷款承诺应具备以下条件：

第一，开发商必须为其客户的按揭贷款提供无条件、不可撤销的担保，一旦借款人不能如期偿还贷款，开发商应承担无限连带责任。

第二，开发商必须在按揭银行开立账户，开发商全部售楼款统一收入在该账户内。

第三，贷款银行在同意按揭贷款前，有权对开发商的资信状况、开发项目、开发项目的销售情况等进行审查。

第四，开发商必须已经与有关监管机构签订售房款监管协议。按揭银行经审查后，认为可以给予按揭贷款承诺的，与开发商签订"预售（销售）商品房合作协议书"。

（2）购房者取得银行按揭贷款

购房者取得银行按揭贷款要经以下步骤：

①申请。购房者应填写贷款申请书，交给按揭银行或者按揭银行指定的律师事务所。

②审查。按揭银行或按揭银行委托的律师事务所收到申请后，对其身份和资信进行审查。买房者为公民个人的，须审查身份证等个人证件、薪

水税单、溢利税表、收入证明等。若买房者为法人机构，须审查其商业登记文件、营业执照、法人代表证明、纳税证明、最新财务报表。由律师事务所审查的，律师事务所对买房者提交的文件进行审查后，应向委托银行出具"法律意见书"。

③发放按揭贷款。按揭银行统一将款项划入开发商在按揭银行开立的账户内。

④取得按揭贷款。开发商收到按揭贷款后，为购房者出具售楼发票，购房者取得按揭贷款。购房者取得售楼发票后，在按揭银行设立还款账户，按季结算分期偿还贷款本息。

27．什么是房屋分期付款？

房屋分期付款买卖，是指根据房屋买卖合同约定，先由售房人将房屋交付给买房人占有使用，买房人在一定期限内分次支付房屋价款。

房屋分期付款买卖不同于延期付款买卖，分期付款买卖中，房屋交付在前，价款支付在后，房屋所有权的转移与房屋交付占有也不是同时进行，卖房人交房给买房人使用后，仍保留房屋所有权，直至买房人付清全部价款。如果买房人违反支付价款的义务，卖房人可随时要求买房人返还房屋。延期付款买卖是到期一次性支付全部价款，但房屋交付给买房人时其所有权同时发生转移。

房屋分期付款买卖中，买卖双方可约定价款支付方式，既可按年，也可按月支付。一般来说，价款的每次支付期间应当相同，每期支付的价款数额应相等，但是，买房人接受房屋交付第一次支付的价款数额应大于以后每期要支付的价款数额，具体数额的比例可由法律规定或合同约定，但一般不低于总房价款的30％。价款总额和每期支付数额确定后，一般不再变更，即使在付款期限内房产市场行情发生了很大变化，买房人也必须按合同规定的数额履行义务。尽管支付的次数、期限和每期支付的数额都可由当事人约定，但是，法律规定分期付款的最长期限一般不得超过30年。

在普通的房屋分期付款买卖中，卖房人在买房人支付全部价款前，继续保留房屋所有权。如果买房人不履行付款的义务，卖房人才可收回房屋，因为买房人不支付价款，构成违约，卖房人可解除合同。但是，因买房人一时疏忽、一时困难不能支付的情况下，如果卖房人就收回房屋，对买房人来说有失公允。因此，当买房人没有支付当期或几期房款时，应催告其在合理的期限之内履行支付义务。如果买房人因不可抗力或其他不可克服的困难暂不能支付时,应允许其延期支付,只有当买房人有支付能力,但拒绝支付或迟延支付时,卖房人可收回房屋。

因买房人不履行支付价款义务而收回房屋时,卖房人应当返还买房人已交付的价款。卖房人收回房屋前,买房人对房屋的使用视为租赁,卖房人可以从已支付的价款中扣除相当于租金的部分后,将剩余的部分返还给买房人。如果因买房人的原因造成房屋损坏的,卖房人可要求赔偿。

第三节 公积金贷款的使用

1. 什么是住房公积金?

所谓住房公积金,是指国家机关、国有企业、城镇集体企业、外商投资企业、城镇私营企业以及其他城镇企业、事业单位及其职工缴存的长期住房储金。

职工个人缴存的住房公积金和职工所在单位缴存的住房公积金,属于职工个人所有。

公积金是筹集、融通住房资金的手段。公积金制度是一种住房社会保障措施,具有社会性、互助性、保障性和政策性等特征。实行公积金制度,有利于深化住房制度改革,有利于加快住房建设,有利于提高职工的购房能力。

2. 住房公积金的用途有哪些?

住房公积金制度的建立是为了解决职工的住房问题。住房公积金应按以下用途使用:

(1) 职工购买、建造、翻建和大修自住住房;
(2) 偿还职工购房贷款的本息;
(3) 支付超出职工家庭工资收入规定比例的房租;
(4) 职工住房公积金贷款。

3. 住房公积金贷款有什么条件?

各地可根据实际情况规定公积金贷款的条件。以上海为例,同时符合以下条件的职工可以申请公积金贷款：

（1）具有本市城镇常住户口；

（2）申请前连续缴存住房公积金的时间不少于六个月、累计缴存公积金的时间不少于二年；

（3）所购买的房屋符合市公积金中心规定的标准；

（4）购房首期付款的金额不低于规定比例；

（5）具有较稳定的经济收入和偿还贷款的能力；

（6）没有尚未还清的数额较大、可能影响贷款偿还能力的债务。

4. 职工个人申请住房公积金贷款的手续有哪些？

职工申请公积金贷款的具体程序由各地自行确定。一般包括：

（1）职工提出借款申请。职工填写借款申请书并提供身份证、本市城镇常住户口证明和房屋买卖合同等材料。

（2）借款申请的审批。公积金管理中心在接到借款申请后的一定时间内做出是否给予贷款的决定，并通知申请人。

（3）办理贷款手续。在准予贷款的有效期限内，借款人到指定的银行或选择一家受委托的银行办理贷款手续。

第四节 二手房买卖及出租

1. 二手房买卖应注意哪些事项？

消费者在买卖二手房时，应注意以下事项：

（1）出售"二手房"的人是否已经取得了由房屋土地管理局颁发的《房屋所有权证》。应特别注意的三点：一是，《房屋所有权证》的产权人是否与卖房人是同一个人，还有无其他共有权人；二是，欲售的"二手房"是成本价房还是标准价房或者是经济适用住房；三是，《房屋所有权证》确认的建筑面积与实际面积是否有不符之处。

（2）欲出售"二手房"的人需要带着居民身份证（或户口簿）、《房屋所有权证》（若是共有房，还需持其他共有权人同意出售的书面意见等有效证件），到房屋所在地的房地产交易管理部门申请领取《已购公有住房和经济适用住房上市出售申请确认表》和《已购公有住房和经济适用住房出售征询意见表》。

《已购公有住房和经济适用住房上市出售申请确认表》由申请人填写后，交由房屋所在地的房屋土地管理局进行审核、签章。

《已购公有住房和经济适用住房出售征询意见表》由申请人分别征求房改售房原产权单位和物业管理单位意见。征询拆迁管理部门意见，由房屋所在地的房地产交易管理部门办理。

（3）必须签订《房屋买卖合同》。在该合同中，应写明房屋坐落在什么地方；房屋间数，建筑平方米数；甲乙双方议定的房价款和按照国家规定自觉交纳税费等。而后，甲方（出售方）带着《房屋所有权证》、乙方（购买方）带着购房证明和甲乙双方带着户口簿、居民身份证和本人印章再到房屋所在地的区县房地产交易管理部门办理登记、过户手续。

2. 房屋租赁的含义及法律特征是怎样的？

所谓房屋租赁，是指房屋所有权人将其房屋出租给承租人使用，由承租人支付租金的行为。《城市房屋租赁管理办法》第九条规定，房屋租赁，当事人应当签订书面租赁合同。该《办法》第十三条、第十四条规定，房屋租赁实行登记备案制度。房屋租赁当事人应当在租赁合同签订后30日内，持有关文件到直辖市、市、县人民政府房地产管理部门办理登记备案手续。

可见，房屋租赁作为一种民事法律行为，具有以下主要法律特征：

第一，房屋租赁的标的物是房屋，且为特定物。房屋是一种不动产，它不同于其他财产，出租人只能向承租人提供特定的某处房屋。租赁期届满，承租人必须将原房屋交还给出租人。这是房屋租赁与借贷的重要区别所在。

第二，房屋租赁只转移房屋的占有权和使用权，而不转移所有权。在房屋租赁关系中，承租人得到的只是在租赁期限内对该房屋的占有权和使用权。在租赁期间，出租人也保留对该房屋的收益权和处分权。

第三，房屋租赁是一种双务有偿的债权关系。在房屋租赁关系中，出租人和承租人都享有权利和义务；出租人有义务将房屋交付给承租人使用，同时享有向承租人收取租金的权利；承租人有权请求出租人提供房屋给自己使用，同时有按期支付租金的义务，不能无偿使用。

第四，房屋租赁是一种要式行为。《城市房地产管理法》第五十三条规定："房屋租赁，出租人和承租人应当签订书面租赁合同，约定租赁期限、租赁用途、租赁价格、修缮责任等条款，以及双方的其他权利和义务,并向房产管理部门备案。"因此,房屋租赁必须按照法律规定的形式和履行必要的程序后才能成立。

第五,房屋租赁期间,即使出租房屋的所有权发生转移,原租赁合同确立起来的租赁关系也仍然有效。最高人民法院《关于贯彻执行〈中华人民共和国民法通则〉若干问题的意见(试行)》第一百一十九条第二款对此予以肯定:"私有房屋在租赁期内,因买卖、赠予或者继承发生房屋产权转移的原租赁合同对承租人和新房主继续有效。"

3. 出租房屋应具备哪些条件?

依据《城市房屋租赁管理办法》的规定,供出租的房屋应当具备以下条件:

(1)有合法的产权证件,共有产权,须提交共有人同意的证明;

(2)将住宅或其他用房改作经营用房出租的,应提交规划和房管部门同意的证明;

(3)将房管部门直管公房内的场地出租时,应提交经房管部门同意的证明;

(4)房屋能正常使用,不属于违章建筑之列;

(5)符合公安、环保、卫生等主管部门规定的安全、卫生等标准;

(6)不属于司法、行政机关查封或者限制房地产权利的房产;

(7)不存在法律、法规规定禁止出租的其他情形。

4. 租赁房屋有哪些手续?

根据《城市房地产管理法》的规定:房屋租赁,出租人和承租人应当签订书面租赁合同,约定租赁期限、租赁用途、租赁价格、修缮责任等条款以及双方的其他权利和义务,并向房地产管理部门登记备案。可见,租赁双方当事人应当办理下列手续:

(1)出租人与承租人应当签订书面租赁合同。

(2)租赁双方应当在租赁合同签订后30日内,到房屋所在地的房地产管理部门申请登记备案;属涉外租赁的,到市级房地产管理部门登记备案。出租人并到房屋所在区、县的地税局缴纳房产税、营业税及一定的所得税。申请登记备案应提交下列文件:书面租赁合同、房屋所有权证书;出租共有房屋,还须提交其他共有人同意出租的证明;出租已设定抵押的房屋的,须提交抵押权人同意出租的证明。当事人的合法证件、经办人的证明文件。房屋代管人出租产权人委托代管的房屋,须提交房屋产权人明确授权其有出租房屋权限的委托书和代管人的合法证件;规定的其他文件。

5. 租赁公有住房有哪些法律规定?

根据《城市公有房屋管理规定》的规定,租赁公有房屋须遵循以下规定:

(1)公有住房的租赁必须执行国家和房屋所在地城市人民政府规定的租赁政策和租金标准。

(2)经营性房屋的租赁,由租赁双方协商议定租赁价格。经营性房屋的租赁,出租人和承租人应当签订书面租赁协议,明确租赁期限、使用性质和租赁价格,规定双方的权利和义务。出租人和承租人应当持租赁协议,到房地产行政主管部门办理审核手续。

(3)承租人必须按期交纳租金,不得拖欠。拖欠租金的,出租人可以按规定收取滞纳金。

(4)出租公有住房及其附属设施的自然损坏或其他属于出租人修缮范围的,出租人应当负责修复,承租人发现房屋损坏,应及时报修,出租人应在规定期限内修复。因承租人过错造成房屋及其附属设施损坏的,由承租人修复或赔偿。出租经营性房屋的修缮责任,由租赁双方在协议中议定。承租人应当爱护并合理使用所承租的房屋及附属设施,不得私自拆改、扩建或增添。确需变动时,必须征得出租人同意,并签订书面协议。

6. 经营性公有房屋租赁程序是怎样规定的?

《城市公有房屋管理规定》将城市公有房屋的租赁分为两类,分别加以规定。一类是公有住房,公有住房的租赁主要依据国家和房屋所在地城市人民政府规定的租赁政策和租金标准。另一类是经营性公有房屋。

租赁经营性公有房屋,仍据《城市公有房屋管理规定》和《城市房屋租赁管理办法》的规定,须履行以下手续:

(1)经营性公有房屋租赁当事人签订书面租赁协议,协议中须明确租赁期限、使用性质和租赁价格,并规定双方的权利和义务。

(2)房屋租赁当事人应在租赁协议签订后30日内,持下列文件到直辖市、市、县人民政府房地产管理部门办理登记备案手续:书面租赁协议、房屋所有权证书、当事人的合法证件、城市人民政府规定的其他文件。

(3)房屋租赁申请经直辖市、市、县人民政府房地产管理部门审查合格后,颁发《房屋租赁证》。

第七章 医疗、交通事故

医疗事故分两类,即:责任事故、技术事故。责任事故指医务人员违反规章、诊疗护理常规等失职行为所致的事故;技术事故指医务人员因技术过失所致的事故。

交通事故的责任者应当按照所负交通事故责任承担相应的损害赔偿责任。具体应赔偿的损失包括医疗费、误工费、住院伙食补助费、护理费、残疾者生活补助费、残疾用具费、丧葬费、死亡补偿费、被扶养人生活费、交通费、住宿费和财产直接损失。

第一节 医疗事故

1. 什么是医疗事故?

医疗事故,是指医疗机构及其医务人员在医疗活动中,违反医疗卫生管理法律、行政法规、部门规章和诊疗护理规范、常规,过失造成患者人身损害的事故。

2. 医疗事故是如何认定的?

目前,对医疗事故的认定主要依据是2002年2月20日国务院第55次常务会议通过,于2002年9月1日起公布施行的《医疗事故处理条例》;2002年7月19日经卫生部部务会讨论通过,2002年9月1日起施行的《医疗事故技术鉴定暂行办法》。

《医疗事故技术鉴定暂行办法》的第三十六条明确规定:
专家鉴定组应当综合分析医疗过失行为在导致医疗事故损害后果中的

作用、患者原有疾病状况等因素，判定医疗过失行为的责任程度。

医疗事故中医疗过失行为责任程度分为：

（一）完全责任，指医疗事故损害后果完全由医疗过失行为造成。

（二）主要责任，指医疗事故损害后果主要由医疗过失行为造成，其他因素起次要作用。

（三）次要责任，指医疗事故损害后果主要由其他因素造成，医疗过失行为起次要作用。

（四）轻微责任，指医疗事故损害后果绝大部分由其他因素造成，医疗过失行为起轻微作用。

《医疗事故技术鉴定暂行办法》的第十三条明确规定：有下列情形之一的，医学会不予受理医疗事故技术鉴定：

（一）当事人一方直接向医学会提出鉴定申请的；

（二）医疗事故争议涉及多个医疗机构，其中一所医疗机构所在地的医学会已经受理的；

（三）医疗事故争议已经人民法院调解达成协议或判决的；

（四）当事人已向人民法院提起民事诉讼的（司法机关委托的除外）；

（五）非法行医造成患者身体健康损害的；

（六）卫生部规定的其他情形。

3. 家属不配合治疗导致病员死亡的，是否可以认定为医疗事故？

姚某，女，以禁食的方法进行减肥，因食物摄入明显不足，造成严重低血钾，出现全身性肌无力的症状及体征，到医院就诊，给予静脉补钾后，病人症状稍有缓解，经治医生向家属详细交代病情，并要求病人留院观察，但病人家属认为就是吃得少点、身体没劲，不是什么太大的问题，便带着病人回家，其后病人症状加重，并出现昏迷、四肢软瘫，等再次入院，虽经医院积极抢救，但病人还是因低钾血症导致心功能障碍死亡。以上案例是否可以认定为医疗事故？

此例不能认定为是医疗事故。《医疗事故管理条例》第三十三条规定：

有下列情形之一的，不属于医疗事故：

（一）在紧急情况下为抢救垂危患者生命而采取紧急医学措施造成不良后果的；

（二）在医疗活动中由于患者病情异常或者患者体质特殊而发生医疗意外的；

（三）在现有医学科学技术条件下，发生无法预料或者不能防范的不良后果的；

（四）无过错输血感染造成不良后果的；

（五）因患方原因延误诊疗导致不良后果的；

（六）因不可抗力造成不良后果的。

这个案例适用于第五款："因患方原因延误诊疗导致不良后果的。"此与医疗事故的区别在于，病员及其家属的不配合是造成病员死亡的主要原因。此例，主要由于病员家属不同意病员在医院留观，继续治疗，病员低血钾的情况因而未能得到及时的纠正和控制，等到再次入院时，病情严重恶化，已丧失了抢救时机，引起病员心功能障碍导致死亡。造成病员死亡发生的主要原因是病员家属不配合治疗，所以不属于医疗事故，医院也不应当承担医疗事故的责任。患者一方不配合的情况主要表现有：延误患者就诊，丧失了最佳治疗时机；患者提供不真实的病情或隐瞒病情；拒绝或者拖延正确的检查、治疗措施的实施；消极地或者错误地执行正确的医嘱。如果确由上述患者一方不配合的情况，从而导致患者不良后果发生的，不属于医疗事故。

4. 无证行医造成人身伤害，是否能按医疗事故处理？

胡某，从未受过专门的学习和培训，缺乏一般的医疗常识，并且未经有关部门许可，在街头设摊为人拔牙，由于拔牙所使用的工具不符合卫生标准的要求，导致他人在拔牙后发生感染，致急性感染性心内膜炎而死亡。此种情况是否可以按医疗事故对其进行处理？

《医疗事故处理条例》第六十一条明确规定："非法行医，造成患者人身损害，不属于医疗事故，触犯刑律的，依法追究刑事责任；有关赔偿，由受害人直接向人民法院提起诉讼。"说明医疗事故的责任主体应当是指经过考核和卫生行政机关批准或认可的医务人员。行医人员是否具备合法的资格，应当按照1998年施行的《中华人民共和国执业医师法》的有关规定。胡某既无行医资格、又未经有关部门批准，根本就不具备医疗事故的主体资格，所以不能按医疗事故处理。按照有关法律规定，应当追究其过失致人死亡的刑事责任。我国地域广阔，医疗卫生资源分布明显不均衡，许多地区缺医少药，在很多情况下，一般的医疗处理，是由非医务人员来完成的。如产妇的分娩，许多情况下是由没有合法的行医资格，又缺乏医疗知识的"接生婆"来处理，一旦产妇、新生儿出现问题，此类情况也不应按医疗事故进行处理。

5. 为什么要进行尸检？

尸体检验是一种对尸体所进行的解剖、病理学检查等一系列最为直观的检验手段，大致分两个步骤：一是直观的肉眼观察；二是显微镜下观察，有的还需对相关组织进行化验。尸体检验是对判明死因所不可或缺的检验方法，具有十分重要的意义，是其他检验手段无法替代的。尸体检验不仅能为医学技术鉴定和司法裁决提供直接的证据，还可以为医务人员诊疗护理实践进行反馈和总结经验，从而达到明确诊断、分清是非的目的，促进诊疗水平的提高。受中国古老的传统思想的影响，人死了要留全尸，所以许多患者家属内心对尸体检验存在很深顾虑，其实很多发达国家都积极地提倡尸体检验，甚至有的国家就明文规定，属于非正常死亡的必须进行尸体检验。大力提倡进行科学的尸体检验，是医学发展的需要，也可以说是社会文明的一种标志。

《医疗事故处理条例》第十八条明确规定："患者死亡，医患双方当事人不能确定死因或者对死因有异议的，应当在患者死亡后48小时内进行尸检；具备尸体冻存条件的，可以延长至7日。尸检应当经死者近亲属同意并签字。"在医疗纠纷的处理中，尸体检验更有其特殊的意义，通过尸体检验可以明确死亡原因，为医疗事故的妥善处理提供客观的依据。

6. 尸检所需的费用由谁来承担？

尸检所需的费用包括：尸检费、尸体的运送费、保管费等。这些费用具体由谁承担、承担多少，是根据医疗事故技术鉴定的结果而确定的。

根据鉴定结论是否属于医疗事故，尸检费用会有两种不同的承担方式。如果属于医疗事故的，与尸体检验相关的费用由医疗单位全部承担，死者家属或死者所在单位不用承担任何尸检有关的费用；如果不属于医疗事故的，医院只承担其中的尸检费，而其他的费用，如：尸体的运送费、保管费等则由死者家属或死者所在单位承担。

7. 发生医疗纠纷，可不可以"私了"？

发生了医疗纠纷后，医患双方在事实不清、原因不明的情况下，以"私了"的方式解决纠纷，是一种比较普遍的现象，但是不提倡。

分析造成这种现象的原因，一方面反映医疗纠纷中的当事双方法律意识淡漠。另一方面也反映出医患双方的一种无奈。作为医方，多是怕影响单位、个人的声誉；作为患者一是怕麻烦，"多一事不如少一事"，抱着息事宁人态度，二是怕经济上的损失，通过正常解决纠纷的渠道，得不到满意的经济赔偿。但是以这种方式处理问题，既不能保障医患双方正当的合法权益，也不利于医疗纠纷处理的法制化、规范化的建设。

8. 医院涂改、伪造、销毁原始病历，应承担怎样的法律责任？

医院有妥善保管原始病历的法定义务，不能擅自涂改、伪造、销毁原始病历，否则要承担由此而产生的法律责任。《医疗事故处理条例》第五十八条规定：医疗机构或者其他有关机构违反本条例的规定，有下列情形之一的，由卫生行政部门责令改正，给予警告；对负有责任的主管人员和其他直接责任人员依法给予行政处分或者纪律处分；情节严重的，由原发证部门吊销其执业证书或者资格证书：

（1）承担尸检任务的机构没有正当理由，拒绝进行尸检的；

（2）涂改、伪造、隐匿、销毁病历资料的。

根据《中华人民共和国民事诉讼法》第一百零二条规定，"伪造、毁灭重要证据，妨碍人民法院审理案件的"情况，"人民法院可以根据情节轻重予以罚款、拘留；构成犯罪的，依法追究刑事责任"。

9. 法院受理医疗纠纷，有没有诉讼时效？

医疗纠纷的诉讼同其他民事诉讼一样具有诉讼时效。按照《中华人民共和国民法通则》的规定，诉讼时效是指权利人于一定时间内不行使请求人民法院保护其民事权利的权利即丧失该权利，人民法院对其民事权利不再予以保护的法律制度。法律对民事诉讼时效有两种规定，《中华人民共和国民法通则》第一百三十五条规定："向人民法院请求保护民事权利的诉讼时效期间为二年，法律另有规定的除外。"《中华人民共和国民法通则》第一百三十六条同时规定："下列的诉讼时效期间为一年：（一）身体受到伤害要求赔偿的"，前者称为普通诉讼时效期间，适用于一般民事案件；后者称为特殊诉讼时效期间，仅适用于该法所规定的几种特殊情况。

如果将医疗纠纷按侵权处理，即追究侵权责任的诉讼，适用特殊诉讼时效期间，诉讼时效为一年；如果把医疗纠纷作为一种特殊的民事诉讼处理，即考虑医疗纠纷是一种侵权与违约的竞合，则不属法律规定的特殊情况，则适用普通诉讼时效期间，诉讼时效为二年。但是，一般情况下，人民法院受理医疗纠纷案件是以侵权受理,所以,多数医疗纠纷民事案件的诉讼时效为一年。

10. 医疗纠纷应以何种理由向法院起诉?

发生医疗纠纷,向人民法院提起民事诉讼,诉讼理由是医疗单位侵犯病员生命权、健康权,还是医疗单位不履行约定义务的违约?

按责任主体所侵犯的民事主体的权利及其行为的性质,民事责任分为违约责任和侵权责任。关于侵权责任,《中华人民共和国民法通则》第一百零六条第(二)款规定:"公民、法人由于过错侵害国家的、集体的财产,侵害他人财产、人身的,应当承担民事责任。"关于违约责任,《中华人民共和国民法通则》第一百一十一条规定:"当事一方不履行合同义务或者履行合同义务不符合条件的,另一方有权要求履行或者采取补救措施,并有权要求赔偿损失。"从法理上讲,医疗事故在民事责任上就存在侵权责任与违约责任的竞合问题,是因为医疗事故的民事责任同时符合侵权责任和违约责任的要件,是一种责任的竞合。

目前司法实践中并未将竞合责任作为一种独立的民事责任处理,而是将其简单处理,即要么是侵权、要么是违约。并且人民法院在医疗纠纷的民事诉讼中绝大多数是以侵权责任审理,不考虑医疗单位的违约责任。有的学者认为,在医疗纠纷中如涉及赢利性比较高的医疗服务业,而不是基础的医疗服务,如:美容、正畸、整形等,追究对方违约责任则更为恰当。

11. 如何认定美容医疗纠纷?

美容医疗纠纷的认定一直是一个值得深入探讨的问题。美容业亟待规范,美容技术从业人员资格审查亟待规范和加强,美容用品亟待规范管理,美容纠纷的处理亦亟待逐步规范。鉴于目前的国情现状,可从以下几个方面进行审查。

(1)术者有无行医许可证。如属非法行医,对所造成的损害结构,依据《民法通则》,应承担民事赔偿责任。

(2)有无较完善、详细的术前、术后检查、治疗的病历记载等。

(3)美容手术本身质量评价。有无明显的诊疗不当或违反医学基本理论的方面。

(4)对美容术后的评价。目前尚无可参照的评判标准,可依据医学美学的基本要求、基本理论、术者与患者的术前协议等方面进行评价。

（5）评价美容术的后果与其诊疗不当是否存在因果关系。

（6）有无美容药品、用品的质量问题。

（7）是否存在美容术的虚假宣传。

第二节　交通事故

1. 什么是交通事故损害赔偿范围？

根据《最高人民法院关于审理人身损害赔偿若干问题司法解释》《道路交通安全法》《机动车强制保险条例》规定：赔偿范围有，因就医治疗支出的各项费用以及因误工减少的收入，包括：

（1）医疗费

医疗费根据医疗机构出具的医药费、住院费等收款凭证，结合病历和诊断证明等相关证据确定。赔偿义务人对治疗的必要性和合理性有异议的，应当承担相应的举证责任。

医疗费的赔偿数额，按照一审法庭辩论终结前实际发生的数额确定。器官功能恢复训练所必要的康复费、适当的整容费以及其他后续治疗费，赔偿权利人可以待实际发生后另行起诉。但根据医疗证明或者鉴定结论确定必然发生的费用，可以与已经发生的医疗费一并予以赔偿。

（2）误工费

误工费根据受害人的误工时间和收入状况确定。

误工时间根据受害人接受治疗的医疗机构出具的证明确定。受害人因伤致残持续误工的，误工时间可以计算至定残日前一天。

受害人有固定收入的，误工费按照实际减少的收入计算。受害人无固定收入的，按照其最近三年的平均收入计算；受害人不能举证证明其最近三年的平均收入状况的，可以参照受诉法院所在地相同或者相近行业上一年度职工的平均工资计算。

（3）护理费

护理费根据护理人员的收入状况和护理人数、护理期限确定。

护理人员有收入的，参照误工费的规定计算；护理人员没有收入或者雇佣护工的，参照当地护工从事同等级别护理的劳务报酬标准计算。护理人员原则上为一人，但医疗机构或者鉴定机构有明确意见的，可以参照确定护理人员人数。

护理期限应计算至受害人恢复生活自理能力时止。受害人因残疾不能恢复生活自理能力的，可以根据其年龄、健康状况等因素确定合理的护理期限，但最长不超过20年。

（4）交通费

交通费根据受害人及其必要的陪护人员因就医或者转院治疗实际发生的费用计算。交通费应当以正式票据为凭；有关凭据应当与就医地点、时间、人数、次数相符合。

（5）住宿费及住院伙食补助费

住院伙食补助费可以参照当地国家机关一般工作人员的出差伙食补助标准予以确定。

受害人确有必要到外地治疗，因客观原因不能住院，受害人本人及其陪护人员实际发生的住宿费和伙食费，其合理部分应予赔偿。

（6）必要的营养费

营养费根据受害人伤残情况参照医疗机构的意见确定。

（7）残疾赔偿金

根据受害人丧失劳动能力程度或者伤残等级，按照受诉法院所在地上一年度城镇居民人均可支配收入或者农村居民人均纯收入标准，自定残之日起按20年计算。但60周岁以上的，年龄每增加1岁减少1年；75周岁以上的，按5年计算。

受害人因伤致残但实际收入没有减少，或者伤残等级较轻但造成职业妨害严重影响其劳动就业的，可以对残疾赔偿金做相应调整。

2. 丧葬费的赔偿是怎样规定的？

丧葬费按照受诉法院所在地上一年度职工月平均工资标准，以6个月总额计算。

丧葬费一般包括以下几个方面：

（1）存尸费：死者亲属悼念或解剖鉴定所必须支出的存尸费用。

（2）丧礼费：死者衣着服装费、花圈费和追悼会费用等。

（3）火化费：燃料费、骨灰盒费和骨灰盒存放费用。

(4) 土葬费：对于允许土葬的少数民族或者允许土葬的地区，还要考虑土葬的基本费用。

(5) 其他费用：主要指办理丧事期间有关人员合理的吃、住和交通费用。

3. 在外地被车撞了，赔偿金的索赔标准怎么确定？

张子强开车到外地办事，不想被当地的一辆货车相撞，对方负全部责任，张子强的车被撞坏了，他也受了伤。出院后，张子强打算解决这个事情，于是找到货车司机李东，但对方百般推脱。没办法，张子强只好起诉。但事故出在外地，对于按照哪个地区标准进行赔偿，双方争执不下。张子强要求按照他所在的生活城市的标准赔偿，李东不同意。

首先，根据我国《民事诉讼法》的有关规定，因侵权行为提起的诉讼，由侵权行为地或者被告住所地人民法院管辖。侵权行为地包括侵权行为实施地与侵权结果发生地。

其次，按照《最高人民法院关于审理人身损害赔偿案件适用法律若干问题的解释》第三十条规定，赔偿权利人举证证明其住所地或者经常居住地城镇居民人均可支配收入或者农村居民人均纯收入高于受诉法院所在地标准的，残疾赔偿金或者死亡赔偿金可以按照其住所地或者经常居住地的相关标准计算，被扶养人生活费的相关计算标准依照前款原则确定。因此，张子强要求按照他生活城市的生活标准进行赔偿是合理的。

第八章 合同纠纷

1999年3月15日第九届全国人民代表大会第二次会议通过的《中华人民共和国合同法》规定：合同生效后，当事人不得因姓名、名称的变更或者法定代表人、负责人、承办人的变动而不履行合同义务。

1. 合同的内容一般包括哪些条款？

1999年3月15日第九届全国人民代表大会第二次会议通过的《中华人民共和国合同法》第十二条第一款规定：

合同的内容由当事人约定，一般包括以下条款：

（一）当事人的名称或者姓名和住所；

（二）标的；

（三）数量；

（四）质量；

（五）价款或者报酬；

（六）履行期限、地点和方式；

（七）违约责任；

（八）解决争议的方法。

2. 在哪些情形下，要约不得撤销？

1999年3月15日第九届全国人民代表大会第二次会议通过的《中华人民共和国合同法》第十九条规定：

有下列情形之一的，要约不得撤销：

（一）要约人确定了承诺期限或者以其他形式明示要约不可撤销；

（二）受要约人有理由认为要约是不可撤销的，并已经为履行合同做了准备工作。

3. 有哪些情形的，要约失效？

1999年3月15日第九届全国人民代表大会第二次会议通过的《中华人民共和国合同法》第二十条规定：

有下列情形之一的，要约失效：

（一）拒绝要约的通知到达要约人；

（二）要约人依法撤销要约；

（三）承诺期限届满，受要约人未做出承诺；

（四）受要约人对要约的内容做出实质性变更。

4. 如何确认合同的成立？

1999年3月15日第九届全国人民代表大会第二次会议通过的《中华人民共和国合同法》规定：

第三十五条，当事人采用合同书形式订立合同的，自双方当事人签字或者盖章时合同成立。

第三十三条，当事人采用信件、数据电文等形式订立合同的，可以在合同成立之前要求签订确认书。签订确认书时合同成立。

第三十六条，法律、行政法规规定或者当事人约定采用书面形式订立合同，当事人未采用书面形式但一方已经履行主要义务，对方接受的，该合同成立。

第三十七条，采用合同书形式订立合同，在签字或者盖章之前，当事人一方已经履行主要义务，对方接受的，该合同成立。

1986年4月12日第六届全国人民代表大会第四次会议通过的《中华人民共和国民法通则》第五十七条规定：

民事法律行为从成立时起具有法律约束力。行为人非依法律规定或者取得对方同意，不得擅自变更或者解除。

1988年4月2日最高人民法院通知试行的《最高人民法院关于贯彻执行〈中华人民共和国民法通则〉若干问题的意见》第六十六条明确：

一方当事人向对方当事人提出民事权利的要求，对方未用语言或者文字明确表示意见，但其行为表明已接受的，可以认定为默示。不作为的默示只有在法律有规定或者当事人双方有约定的情况下，才可以视为意思表示。

5. 企业是否有义务接受国家订货？

国家订货是由国家委托有关部门、单位，或组织用户直接向生产企业进行采购取得重要物资的一种订货方式，主要用于满足国家储备、调控市场、国防军工、重点建设以及救灾等其他特殊需要。国家订货的产品目录、数量，由国家计委会商有关部门提出。

国家计委、国家经贸委、国家体改委1993年8月13日联合发布的《关于国家指令性计划和国家订货的暂行规定》明确：国家拥有优先订货权。接受国家订货是每个生产企业应尽的义务。国家订货产品的价格，除国家另有规定外，均由供需双方自行协商定价。国家订货产品的生产条件由企业自行解决。根据具体情况，国家有关部门帮助协调某些必要的条件。

铁路、交通部门根据国家订货合同，应优先安排运输计划；工商行政管理部门和生产主管部门要经常检查和监督合同执行情况。

为满足军工、救灾、重点工程等特殊需要，国家计委可向有关部门直接向企业提出产品导向销售任务。其产品价格由产需双方协商确定，生产条件由企业自行解决。

6. 对国家订货合同的法律效力如何确认？

国家计委、国家经贸委、国家体改委1993年8月13日联合发布的《关于国家指令性计划和国家订货的暂行规定》明确：

国家订货合同具有法律效力。合同签订以后，供需双方必须严格遵守。不按合同执行的，要根据《中华人民共和国经济合同法》及《工矿产品购销合同条例》中的有关条款进行处理。

国家订货合同的变更或解除，必须由供需双方协商一致并报国家计委和有关部门备案。如供需双方对变更国家订货合同有异议，由国家计委会同合同管理部门做好协调或仲裁。

7. 当事人在订立合同过程中负有哪些保密义务？

1999年3月15日第九届全国人民代表大会第二次会议通过的《中华人民共和国合同法》第四十三条规定：

当事人在订立合同过程中知悉的商业秘密，无论合同是否成立，不得泄露或者不正当地使用。泄露或者不正当地使用该商业秘密给对方造成损失的,应当承担损害赔偿责任。

8. 采用格式条款订立合同的,应注意些什么?

格式条款是当事人为了重复使用而预先拟定,并在订立合同时未与对方协商的条款。

1999年3月15日第九届全国人民代表大会第二次会议通过的《中华人民共和国合同法》第三十九条第一款规定:

采用格式条款订立合同的,提供格式条款的一方应当遵循公平原则确定当事人之间的权利和义务,并采取合理的方式提请对方注意免除或者限制其责任的条款,按照对方的要求,对该条款予以说明。

9. 当事人以哪些财产抵押应当办理抵押物登记,抵押合同方可生效?

1995年6月30日第八届全国人民代表大会常务委员会第十四次会议通过的《中华人民共和国担保法》规定:

当事人以以下规定的财产抵押的,应当办理抵押物登记,抵押合同自登记之日起生效。办理抵押物登记的部门如下:

(一)以无地上定着物的土地使用权抵押的,为核发土地使用权证书的土地管理部门;

(二)以城市房地产或者乡(镇)、村企业的厂房等建筑物抵押的,为县级以上地方人民政府规定的部门;

(三)以林木抵押的,为县级以上林木主管部门;

(四)以航空器、船舶、车辆抵押的,为运输工具的登记部门;

(五)以企业的设备和其他动产抵押的,为财产所在地的工商行政管理部门。

10. 当事人以其他财产抵押的,抵押合同何时生效?

1995年6月30日第八届全国人民代表大会常务委员会第十四次会议通过的《中华人民共和国担保法》规定:

当事人以其他财产抵押的,可以自愿办理抵押物登记,抵押合同自签订之日起生效。

当事人未办理抵押物登记的,不得对抗第三人。当事人办理抵押物登记的,登记部门为抵押人所在地的公证部门。

11. 以依法可以转让的股票出质的，质押合同何时生效？

1995 年 6 月 30 日第八届全国人民代表大会常务委员会第十四次会议通过的《中华人民共和国担保法》规定：

以依法可以转让的股票出质的，出质人与质权人应当订立书面合同，并向证券登记机构办理出质登记。质押合同自登记之日起生效。

股票出质后，不得转让，但经出质人与质权人协商同意的可以转让。出质人转让股票所得的价款应当向质权人提前清偿所担保的债权或者向与质权人约定的第三人提存。

以有限责任公司的股份出质的，适用《公司法》股份转让的有关规定。质押合同自股份出质记载于股东名册之日起生效。

12. 以依法可以转让的商标专用权、专利权、著作权中的财产权出质的，质押合同何时生效？

1995 年 6 月 30 日第八届全国人民代表大会常务委员会第十四次会议通过的《中华人民共和国担保法》规定：

以依法可以转让的商标专用权、专利权、著作权中的财产权出质的，出质人与质权人应当订立书面合同，并向其管理部门办理出质登记。质押合同自登记之日起生效。

13. 如何认定附条件的合同的生效时间？

1999 年 3 月 15 日第九届全国人民代表大会第二次会议通过的《中华人民共和国合同法》第四十五条规定：

当事人对合同的效力可以约定附条件。附生效条件的合同，自条件成就时生效。附解除条件的合同，自条件成就时失效。当事人为自己的利益不正当地阻止条件成就的，视为条件已成就；不正当地促成条件成就的，视为条件不成就。

1986 年 4 月 12 日第六届全国人民代表大会第四次会议通过的《中华人民共和国民法通则》第六十二条规定：

民事法律行为可以附条件，附条件的民事法律行为在符合所附条件时生效。

1988 年 4 月 2 日最高人民法院通知试行的《最高人民法院关于贯彻执行〈中华人民共和国民法通则〉若干问题的意见》明确：

附条件的民事行为，如果所附的条件是违背法律规定或者不可能发生的，应当认定该民事行为无效。

财产已经交付，但当事人约定财产所有权转移附条件的，在所附条件成就时，财产所有权方为转移。

14. 附期限的合同，其效力如何确认？

1999年3月15日第九届全国人民代表大会第二次会议通过的《中华人民共和国合同法》第四十五条第一款规定：

当事人对合同的效力可以约定附期限。附生效期限的合同，自期限届至时生效。附终止期限的合同，自期限届满时失效。

1988年4月2日最高人民法院通知试行的《最高人民法院关于贯彻执行〈中华人民共和国民法通则〉若干问题的意见》明确：

附期限的民事法律行为，在所附期限到来时生效或者解除。

15. 对无权代理订立的合同，效力如何确认？

1999年3月15日第九届全国人民代表大会第二次会议通过的《中华人民共和国合同法》规定：

行为人没有代理权、超越代理权或者代理权终止后以被代理人名义订立的合同，未经被代理人追认，对被代理人不发生效力，由行为人承担责任。相对人可以催告被代理人在一个月内予以追认。被代理人未做表示的，视为拒绝追认。合同被追认之前，善意相对人有撤销的权利。撤销应当以通知的方式做出。

行为人没有代理权、超越代理权或者代理权终止后以被代理人名义订立合同，相对人有理由相信行为人有代理权的，该代理行为有效。

1986年4月12日第六届全国人民代表大会第四次会议通过的《中华人民共和国民法通则》规定：

公民、法人可以通过代理人实施民事法律行为。代理人在代理权限内，以被代理人的名义实施民事法律行为。被代理人对代理人的代理行为，承担民事责任。依照法律规定或者按照双方当事人约定，应当由本人实施的民事法律行为，不得代理。

没有代理权、超越代理权或者代理权终止后的行为，只有经过被代理人的追认，被代理人才承担民事责任。未经追认的行为，由行为人承担民事责任。本人知道他人以本人名义实施民事行为而不做否认表示的，视为同意。代理人不履行职责而给被代理人造成损害的,应当承担民事责任。代理人和第三人串通,损害被代理人的利益的,由代理人和第三人负连带责任。第三人知道行为人没有代理权、超越代理权或者代理权已终止还与行为人实施民事行为给他人造成损害的,由第三人和行为人负连带责任。

1988年4月2日最高人民法院通知试行的《最高人民法院关于贯彻执行〈中华人民共和国民法通则〉若干问题的意见》明确:

凡是依法或者依双方的约定必须由本人亲自实施的民事行为,本人未亲自实施的,应当认定行为无效。

代理人和被代理人对已实施的民事行为负连带责任的,在民事诉讼中,可以列为共同诉讼人。

16. 法人或者其他组织的法定代表人、负责人超越权限订立的合同,是否有效?

1999年3月15日第九届全国人民代表大会第二次会议通过的《中华人民共和国合同法》第五十条规定:

法人或者其他组织的法定代表人、负责人超越权限订立的合同,除相对人知道或者应当知道其超越权限的以外,该代表行为有效。

最高人民法院1998年4月21日以法释〔1998〕7号发布的《关于在经济纠纷案件中涉及经济犯罪嫌疑若干问题的规定》明确:

单位直接负责的主管人员和其他直接责任人员,以该单位的名义对外签订经济合同,将取得的财物部分或全部占为己有构成犯罪的,除依法追究行为人的刑事责任外,该单位对行为人因签订、履行该经济合同造成的后果,依法应当承担民事责任。

17. 对当事人超越经营范围订立的合同,人民法院是否认定合同无效?

最高人民法院1999年12月19日以法释〔1999〕19号做出的《关于适用〈中华人民共和国合同法〉若干问题的解释(一)》明确:

当事人超越经营范围订立合同,人民法院不因此认定合同无效。但违反国家限制经营、特许经营以及法律、行政法规禁止经营规定的除外。

18. 格式合同、通知、声明、店堂告示等含有哪些内容的,其内容无效?

1993年10月31日第八届全国人民代表大会常务委员会第四次会议通过的《中华人民共和国消费者权益保护法》规定:

经营者不得以格式合同、通知、声明、店堂告示等方式做出对消费者不公平、不合理的规定，或者减轻、免除其损害消费者合法权益应当承担的民事责任。格式合同、通知、声明、店堂告示等含有前述所列内容的，其内容无效。

19. 在哪些情形下合同无效？

1999年3月15日第九届全国人民代表大会第二次会议通过的《中华人民共和国合同法》第五十二条规定：

有下列情形之一的，合同无效：
（一）一方以欺诈、胁迫的手段订立合同，损害国家利益；
（二）恶意串通，损害国家、集体或者第三人利益；
（三）以合法形式掩盖非法目的；
（四）损害社会公共利益；
（五）违反法律、行政法规的强制性规定。

20. 合同中的哪些免责条款无效？

1999年3月15日第九届全国人民代表大会第二次会议通过的《中华人民共和国合同法》第五十三条规定：

合同中的下列免责条款无效：
（一）造成对方人身伤害的；
（二）因故意或者重大过失造成对方财产损失的。